RAZÓN LEGISLATIVA Y NUEVA ECONOMÍA

UN ANÁLISIS DE LA ACTIVIDAD PARLAMENTARIA RIOJANA

Sergio Pérez González

RAZÓN LEGISLATIVA Y NUEVA ECONOMÍA

UN ANÁLISIS DE LA ACTIVIDAD PARLAMENTARIA RIOJANA

UNIVERSIDAD DE LA RIOJA
Servicio de Publicaciones
2013

PÉREZ GONZÁLEZ, Sergio
Razón legislativa y nueva economía: un análisis de la actividad parlamentaria riojana / Sergio Pérez González. – Logroño: Universidad de La Rioja, Servicio de Publicaciones, 2013.
80 p.; 24 cm.
ISBN 978-84-96487-76-5
1. La Rioja (Comunidad Autónoma). Parlamento. 2. Poder legislativo. 3. Economía. 4. Racionalidad legislativa. 5. La Rioja (Comunidad Autónoma). 1. Título
342.532 (460.21)
338.1 (460.21)
LNDP – IBIC 1.1
KC – IBIC 1.1
1DSES – IBIC 1.1

Estudio elaborado gracias a una ayuda a la investigación prevista en el convenio de colaboración entre la Universidad de La Rioja y el Parlamento de La Rioja, y desarrollado en el marco del proyecto de investigación *La incidencia de la violencia en la eficacia de los derechos* (DER2010-20826-C02-02), con financiación de la Secretaría de Estado de Investigación - Ministerio de Economía y Competitividad.

une
Unión de Editoriales Universitarias Españolas
www.une.es

Esta editorial es miembro de la UNE, lo que garantiza la difusión y comercialización de sus publicaciones a nivel nacional e internacional.

Edita: Universidad de La Rioja. Servicio de Publicaciones
Diseño de la cubierta: Universidad de La Rioja. Servicio de Comunicación
Imagen de la cubierta: Diseño original de Javier Sanz García
Imprime: Página, S.L.
ISBN 978-84-96487-76-5
Depósito legal: LR-363-2013
Impreso en España - Printed in Spain

ÍNDICE

Introducción

El estudio que presentamos a continuación analiza, a partir de fundamentos teóricos de corte económico, social, político y jurídico, la labor parlamentaria riojana relacionada con la producción legislativa en el ámbito de la nueva economía. En este empeño, y dada la vocación práctica del trabajo, nos servimos de una metodología que pretende trazar puentes comunicativos entre la academia y la praxis política, puentes que salven el recurrente desajuste entre las prescripciones de aquella y las posibilidades de esta. Para procurar, así, un diagnóstico asimilable por los actores políticos, proponemos un itinerario de estudio que filtre las complejidades teóricas *construidas* en la academia hasta facilitar un protocolo final para la actividad parlamentaria. Lo que de provechoso tenga este método será gracias a las indicaciones de Daniel Oliver-Lalana:

El modelo de análisis propuesto aboceta unos cauces básicos en los que localizar el tránsito posible desde las cuestiones teóricas hacia la concreción de la política y el derecho. Para ello, como apuntábamos, nos centramos en la institución parlamentaria, ya que en ella podemos delimitar un ámbito de estudio por el que, de modo más o menos expreso, más o menos formal, transita la comunicación de *lo social*, *lo político* y *lo económico* hacia *lo jurídico*[1].

En concreto, nos ocupamos de la actividad parlamentaria riojana, y no como muestra azarosa, sino como caso especialmente pertinente para localizar muchos de

1. Compartimos los objetivos de García Lizana y Moreno Jiménez (2008, 184) al percibir las peculiaridades económicas de la *sociedad del conocimiento*: "Con este propósito, tras una revisión de las líneas fundamentales de cambio, se analizarán bajo una óptica económica las interrogantes planteadas acerca del modelo político aludido en la sociedad actual, sentando las bases para, una vez estudiadas las características y cualidades de la sociedad del conocimiento, deducir, partiendo de tales coordenadas, los parámetros de acuerdo con los cuales definir desde un punto de vista teórico las alternativas para mejorar el funcionamiento democrático, dando respuesta a las interrogantes señaladas con la ayuda de las nuevas herramientas de la información y la comunicación." Lo característico de nuestro estudio, sin embargo, es que

los elementos característicos de la nueva economía; y es que el Parlamento de La Rioja, fundado en 1983, recoge ya desde sus inicios –además de las cuestiones constituyentes por antonomasia– las complejidades relativas al nuevo paradigma económico.

El reto radica, de este modo, en situar los aciertos y carencias concretos de la labor parlamentaria riojana en su vinculación con la problemática social global que comporta el tratamiento de la nueva economía, evitando, así, el desajuste en el que incurren muchos ensayos socio-jurídicos, caracterizados a menudo por una prescripción teórica ideal y una posterior denuncia dirigida hacia la clase política, sin tener en cuenta el margen de maniobra real de esta.

Para ello partimos de un marco teórico relativamente abstracto (§1) en el que diferenciar, de un lado, la perspectiva socio-económica global en la que se definen las cuestiones implicadas en la nueva economía (§1.1) y, de otro lado, la articulación jurídica mediante la que algunas de estas cuestiones (no poco relevantes) pueden ser normadas en el ámbito autonómico y, por tanto, con el concurso imprescindible de la labor parlamentaria de cada región, aun tratándose de cuestiones globales (§1.2). Es así como, tras comprender el alcance de los conceptos socio-económicos en juego, podemos apuntar materias de legislación involucradas en el desarrollo de la nueva economía, materias en las que interviene de manera directa el Parlamento autonómico. En esta demarcación señalamos tres hitos legislativos que tomamos como primera delimitación del objeto de estudio concreto: la Ley 7/1997, de 3 de octubre, de creación de la Agencia de Desarrollo Económico de La Rioja, la Ley 2/2003, de 3 de marzo, de creación del Servicio Riojano de Empleo y la Ley 3/2009, de 23 de junio, de la Ciencia, la Tecnología y la Innovación.

De este modo, y una vez delimitado el material de estudio, procedemos a aplicar sobre el mismo una metodología de análisis que interprete las maneras e intensidades en las que el Parlamento asume la creciente complejidad socio-económica para proponer, en forma de leyes autonómicas, una *normación*[2] de la misma (§2). Para ello nos basamos en un *modelo de análisis de racionalidad* convenientemente complejizado hasta encerrar en el mismo cuestiones sociales,

no pretendemos repensar el *modelo político* hasta adecuarlo al entorno de la nueva economía, sino apuntar unas claves relativas al procesamiento que sus instituciones y agentes básicos realizan de ese entorno. Enmarcados, así, en la *teoría general de la sociedad* de Luhmann (Luhmann y de Giorgi, 1998), pretendemos presentar el Parlamento como un centro de toma de decisiones recorrido por comunicaciones codificables en claves diversas (económica, política...) y procesadas, a su vez, hasta generar un medio singular de codificación jurídica: la Ley.

2. Usamos el concepto *normación* para referir, en general, el modo en el que un sistema (para nuestro caso, el sistema jurídico a través de la ley) propone pautas para ajustar y ordenar elementos y fenómenos que se suceden de modo suficientemente previsible.

económicas y jurídicas (§2.1), cuestiones que se calibran en el análisis de los debates que preceden la aprobación de las leyes seleccionadas (§2.2).

Por último, y como corolario, se propone un epígrafe de conclusiones en el que relacionar recomendaciones concretas a tenor del estudio previo (§3). Y es que la *sociedad del conocimiento y de la tecnología* reformula los sentidos de muchos conceptos y estructuras de la vieja economía: el trabajo, la empresa, el mercado, el ciclo productivo, etc. Ante este panorama, el riesgo de derivas y de ausencia de rumbos es alto. La labor parlamentaria, por tanto, debe reconocer estos procesos para –más allá de automatismos como trasponer normativas externas o dotar de rango legal a las recomendaciones técnicas– poder proponer equilibrios informados, equilibrios que, en definitiva, afiancen el eje de salubridad de una sociedad.

De este modo, las recomendaciones con las que cerramos el informe no deben ser tanto prescripciones concretas ante una realidad inminente, sino fórmulas de aprehensión de realidades diversas y venideras. No se trata tanto de recomendaciones técnicas que puedan proyectarse inmediatamente, sino de sugerencias para modular, según lo visto, el procesamiento que en sede parlamentaria se hace de aquellas ideas difusas relativas al conocimiento, la tecnología o la innovación. Porque la perspectiva académica permite, sobre todo, esa pausa que echan tanto de menos los políticos, los economistas o los juristas; esa pausa en la que los lugares comunes puedan violentarse, puedan ponerse en cuarentena y puedan someterse a crítica para, así, proporcionar asideros renovados a nuestros legisladores. Porque es el Parlamento la institución cuya mirada y acción debe trascender los actos reflejos de racionalidad limitada. Porque es el Parlamento la institución que debe corregir y equilibrar la producción jurídica ensimismada en rentabilidades de corto alcance.

1. Marco teórico

1.1. Marco socio-económico: nueva economía y orden productivo

La nueva economía es una idea general, muy difundida desde los años noventa, mediante la que se pretende dar cuenta, en el campo de las ciencias sociales, de un cambio esencial que estaría sucediendo en torno a las relaciones de producción. Este cambio, fundamentalmente, renovaría las prácticas de negocio y de creación de riqueza, conformándose así un nuevo tejido empresarial a partir de actividades productivas basadas en el conocimiento y la comunicación, dejando atrás la hegemonía de la manufactura industrial. Esta idea general proyecta desde entonces sobre el imaginario político una serie de etiquetas y lugares comunes que, en poco tiempo, han ocupado una centralidad inusitada: sociedad del conocimiento, de la tecnología, de la innovación, de la información, etc.[3]

Estos lugares comunes, por tanto, quedan contextualizados suficientemente en la breve pero intensa historia de la nueva economía: basta retrotraernos a las crisis energéticas y monetarias de los años setenta para comprender con suficiente panorámica estos nuevos modos de orden económico. Y es que aquellas perturbaciones de los años setenta anunciaban lo que ya hoy es aceptado como un *cambio de paradigma*[4]. En términos económicos, el cambio es narrado en fun-

---

3. Si bien hay literatura icónica que marca el origen de esta nomenclatura (Kelly, 1999), se trata, en último término, de un discurso que pulula y que se filtra en diferentes niveles e intensidades, un discurso que olvida a su autor (si lo tuvo) para convertirse en uno de esos *lugares comunes pacíficos* que, como dice Foucault (1992, 24), se sacuden la individualidad, el origen, la unidad y coherencia: "alrededor de nosotros, existen bastantes discursos que circulan, sin que su sentido o su eficacia tengan que venir avalados por un autor al cual se les atribuiría".

4. Cfr. Castells, Giddens y Touraine (2002), Castells (2009), Tapscott y Williams (2007).

ción de las variaciones insoslayables que los tejidos productivos nacionales –cuyo orden traslucía en la paz social del estado del bienestar posbélico– deben asumir para renovar el dinamismo del negocio, de las relaciones mercantiles y, por tanto, laborales.

La experiencia demuestra insostenible, en la nueva clave económica, un territorio político que pretenda mantener el equilibrio keynesiano producción/consumo basado en una hipotética constancia de factores; la proliferación de variables económicas en una economía enredada irrumpe en un haz de síntomas sociales cuando el equilibrio entre la esfera de la producción y la esfera del consumo se rompe, transcendiendo en inestabilidades impredecibles (oficios que, repentinamente, dejan de ser válidos, mercancías que pierden su valor almacenadas en *stocks* sin salida, productos pasados de moda, etc.): si se reproduce constantemente la misma mercancía, la saturación del mercado y la competitividad de precios implica el descenso de las ganancias. La maquinización y tecnologización de los procesos, la deslocalización de la manufactura a Estados con menor cobertura (y gasto) social resultan inevitablemente fatales para el tejido productivo industrial. En esta tesitura, la presión por mantener un orden basado en la generación de valor y riqueza nacional ya no puede derivarse en exclusiva de la manufactura, del ámbito cercado de la fábrica y de la producción constante de una mercancía por parte de una plantilla de asalariados uniforme, sino que cada vez más la generación de orden social se reenvía a nuevas formas de empleabilidad y comercialización, es decir, nuevas formas jurídicas que habilitan la sostenibilidad renovada de la *ekonomos* (normas de la casa), y que supone, en definitiva, la asunción de aquella reputada receta *schumpeteriana* sobre la *destrucción creadora*[5].

En la redefinición conceptual que implica la nueva economía, entran en crisis buena parte de los pilares de carga sobre los que se sustentaba el estado so-

5. "En la realidad capitalista (…) no es esta especie de competencia la que cuenta, sino la que lleva consigo la aparición de artículos nuevos, de una técnica nueva, de fuentes de abastecimiento nuevas, de un tipo nuevo de organización (…), es decir, la competencia que da lugar a una superioridad decisiva en el costo o en la calidad y que ataca no ya a los márgenes de los beneficios y de la producción de las empresas existentes, sino a sus cimientos y su misma existencia" (Schumpeter (1983, 122). Esta renovación del horizonte productivo evoluciona hasta eso que Marazzi (2003) titula *el giro lingüístico de la economía* y que remarca la traslación de importancia a un ámbito de valorización poco palpable y, hasta ahora, no central en la dinámica del mercado: el lenguaje mismo, la información, el conocimiento y la comunicación. Desde estos fundamentos se tejen las ideas de *capitalismo cognitivo* (Moulier Boutang, 2008), producción del *común* en la tradición neo-operaista (Blondeau, 2004), *semiocapital* como noción más concreta en Berardi (2007), *capitalismo metafísico* en Lash (2005), *economía política del signo* en Baudrillard (1979) o, en la medida en que la creación de significados implica lo más íntimo y consustancial al mero hecho de vivir y procesar el entorno, *biocapitalismo* en Fumagalli (2010).

cial[6] de economía industrial: las relaciones laborales, la red prestacional, la morfología del trabajo y de la empresa etc. Irrumpen nuevos modelos de negocio y de creación de riqueza que sacralizan, en último término, ideas como *sociedad del conocimiento y de la tecnología* o *economía de la información*; ideas que, comprendidas en esta panorámica, no son meros titulares atractivos a modo de apósito en los viejos negocios y empresas, sino que implican, sobre todo, una reinvención integral del entramado económico, social y, como veremos, jurídico.

La búsqueda de un nuevo equilibrio pone en cuarentena aquellos viejos conceptos. Las formas de la nueva economía conllevan necesariamente la restructuración del trabajo como actividad que *añade valor a la mercancía*. Se transforman, del mismo modo, los cauces en los que el trabajo resulta eficaz y rentable[7], así como los modos en los que se organiza, restructurando la sociedad misma: cambia la cualificación de los trabajadores, la tipología de la empresa, la relación entre trabajadores y empresarios (hasta el punto, incluso, de confundirse ambas figuras), así como las consiguientes formas de protección y cobertura social.

La generación de valor mercantil y, por tanto, la conservación del orden social asociado a ese *progreso*, pasa por la renovación constante de la mercancía (innovación e investigación), de modo que la sintomatología inmediata que se produce en el mercado laboral y en el tejido productivo es evidente: si en las sociedades de hegemonía económica industrial podía conformarse un orden social a partir de la estabilidad en la producción de mercancías determinadas (trabajo estable que ofrece un empresario a una plantilla de trabajadores durante toda la vida), en las sociedades postindustriales emerge una inestabilidad clave que inhabilita el orden social anterior: las mercancías producidas (o los servicios prestados) se renuevan constantemente en busca de nuevos mercados, de nuevas clientelas, de tal modo que la necesidad innovadora hace contraproducente relaciones laborales incondicionalmente fijas (deben cambiar los términos del contrato laboral si cambia el horizonte productivo de la empresa), redefiniendo las maneras del trabajo.

Así, y como síntesis de las sintomatologías del cambio, se transforman, en general, los modos de prestación del trabajo: los lugares y tiempos laborales dejan de estar definidos *a priori*, ya que la improvisación y la capacidad de adaptación en la toma de decisiones para reorientar el negocio son resortes clave para el éxito. Cambian, igualmente, las variantes organizativas del trabajo: la tipología de empresa cada vez es menos la de la gran industria que produce constantemente una sola mercancía y cada vez más emerge la *pyme*, o aun el traba-

6. Cfr. Sotelo (2010), donde se ofrece una completa genealogía y problematización de la idea de *Estado social*.

7. Cfr. Aragón, Durán, Rocha y Cruces (2005) y Pérez Manzanera (2001).

jador autónomo, que ofrece servicios actualizados con frecuencia, subcontratables y, supuestamente, más eficientes. Cambia, con todo ello, la complejidad misma en la prestación del trabajo: los trabajadores, en general, renuevan su cualificación, adquieren competencias que les facultan para prestar trabajos más complejos mediante los que procuran, constantemente, insertar protocolos de eficacia en la creación de riqueza (competencias en manejos tecnológicos, capacidades organizativas, etc.). Cambian, en el mismo sentido, las alternativas de eficacia en el trabajo: ya no procede el método de producción a partir de una idea original que, jerárquicamente, ordena con precisión la labor de los trabajadores, sino que frecuentemente se prueban nuevas posibilidades de eficacia y éxito bajo el riesgo, evidente, del error y del final improductivo. En este sentido, los trabajadores de hoy deben ser más imaginativos que disciplinados.

Ante este panorama de cambios, el derecho no es un sistema de emanación de recetas indolente. El derecho no se empeña eternamente en reconducir lo nuevo a las viejas categorías de ordenación, sino que, más o menos perceptiblemente, renueva sus formas; formas que solo son sostenibles en unas coordenadas concretas y aprehensibles, en un universo de *lo posible*. En este sentido, y contextualizada ya la emergencia de esta nueva economía, la apuesta concreta por la sociedad del conocimiento y de la tecnología no resulta de una elección arbitraria de nuestros gobernantes y legisladores, de una proyección alternativa entre otras inagotables, de una elección en absoluta libertad[8], sino que hunde sus raíces en complejidades que solo podemos aprehender a través de coordenadas, en principio, casi antropológicas: la tendencia –a través de un sistema de habilitación de *normas*– a salvaguardar cierto orden, en cierto territorio y para determinada población[9]; y en esas coordenadas en las que el sistema jurídico establecido propone una normación, es decir, una práctica de orden sobre elementos variables, el margen de maniobra está delimitado; en este estudio pretendemos esbozar esta delimitación del margen de maniobra para así arrojar luz sobre las posibilidades reales de gestión racional de los problemas[10].

8. "Las formas de gobierno no son arbitrarias y voluntaristas, sino que responden a los procesos de cambio que experimentan las sociedades, condicionados por las circunstancias existentes y la propia naturaleza humana" (García Lizana y Moreno Jiménez, 2008, 207).

9. En esta suerte de *esencia del derecho* como ordenador de desajustes, "toda solución semántica (...) se encuentra históricamente determinada y es contingente. Dependerá del grado de plausibilidad de las circunstancias sociohistóricas concretas" (Luhmann, 2005, 80). Es decir, las formas concretas del orden no responden a principios inquebrantables y, por tanto, sus argumentos varían con frecuencia y sin sonrojo.

10. Es importante esta delimitación del margen de maniobra para explorar las posibilidades de influencia ya que "en muchas ocasiones el sistema no hace un uso completo del grado de libertad que el entorno le permite y limita su propia evolución más de lo que es necesario" (Luhmann, 2005, 80).

Esta salvaguarda del orden –que resulta improcesable en esos términos abstractos– cristaliza, en las rutinas políticas de nuestros días, en *urgencias económicas* inaplazables que pretenden establecer un orden en tanto que orden productivo. Los acontecimientos que marcan esta lectura de la cuestión implican ya una concreción que delimita convenientemente el marco histórico al que nos referíamos, marco en el que se teje la manida idea de la nueva economía:

Las nuevas formas jurídicas –vistas en una panorámica global y aun heterogéneas dependiendo de tiempos y lugares– interactúan con *lo social*; la política y el derecho, por tanto, no reciben a regañadientes las exigencias de la economía, sino que están cruzadas por racionalidades operativas que conforman equilibrios en las relaciones productivas, sustanciados en esa otra serie de conceptos que, igualmente, son ya parte del imaginario económico actual: surge, de este modo, una suerte de *nomos* renovado, grabado a fuego desde muy diversas fuentes de racionalidad: económica, política y, en la parte que nos interesa, jurídica[11].

Debe, por tanto, innovarse, ya que ante la competitividad que hace decrecer los rendimientos del negocio estático (el empresario debe enfrentarse a otro empresario que vende lo mismo pero más barato), la innovación implica una adición constante de valor que mantiene ganancias y actualiza estructuras de producción. Y para innovar debe investigarse, porque solo en la pesquisa de antecedentes, solo en el análisis de posibilidades, solo en el ensayo y en el error se gesta la novedad. Innovación que trasluce en tecnologías (y que, a su vez, procede de éstas): tecnologías que protocolizan fases de trabajo hasta integrarlas en instrumentos que reducen los costes de producción o puesta en circulación de servicios. Tecnologías que, también,

11. Luhmann (2005, 72) advierte de que "deben evitarse a toda costa formulaciones como la afirmación de que existen «conexiones entre» el Derecho y la sociedad, pues presupone que el Derecho es algo situado fuera de la sociedad. El sistema jurídico es un sistema funcionalmente diferenciado dentro de la sociedad. Así, el sistema jurídico está, en sus propias operaciones, siempre ocupado en la ejecución de la autorreproducción (autopoiesis) tanto del sistema social general como de sí mismo". Lejos, por tanto, de reflejar e implementar medidas a rebufo de otras exigencias, "el sistema jurídico participa en la construcción de la realidad que efectúa la sociedad" (Luhmann, 2005, 72). En tan alto nivel de complejidad y cruzamiento de sistemas sociales, resulta excesivamente ficticio trazar causalidades abstractas; el derecho, así, a veces depende y a veces hace depender: "la diferenciación conduce a una mayor complejidad en las relaciones entre el sistema y el entorno. Por esta razón, el concepto de la autonomía del sistema jurídico no puede formularse en el nivel de las relaciones causales de dependencia e independencia." (Luhmann, 2005, 73). Dicho de otro modo: "en las interacciones entre sistemas elásticos y sistemas rígidos. los elásticos se adaptarán a los rígidos de la misma manera en que la arena se adapta a la piedra y no la piedra a la arena" (Luhmann, 2005, 78). El derecho se comportará a veces con rigidez y a veces con flexibilidad. Estamos, así, ante un discurso (jurídico) cuyas consecuencias no se recogen y calculan en el acto de ser dicho, sino que está en el origen de otros muchos y, por tanto, se filtra e inocula "más allá de su formulación" (Foucault, 1992, 13 y 14), generando influencias inasibles para un observador externo.

facilitan el mapeo de las posibilidades de negocio, haciendo fluir vertiginosamente la información, la comunicación y el conocimiento. Y, puesta en marcha esta lógica, resulta esencial la internacionalización como modo de rastrear nuevos territorios en los que dar continuidad al ciclo productivo. Es a partir de estas pinceladas como, desde una perspectiva más amplia, se tejen los titulares de la sociedad del conocimiento, de la innovación, de la información, de la tecnología, etc. Esto es, en definitiva, la nueva economía.

La *figura 1* sirve para mostrar las novedades que definen la nueva economía en un ciclo productivo abstracto:

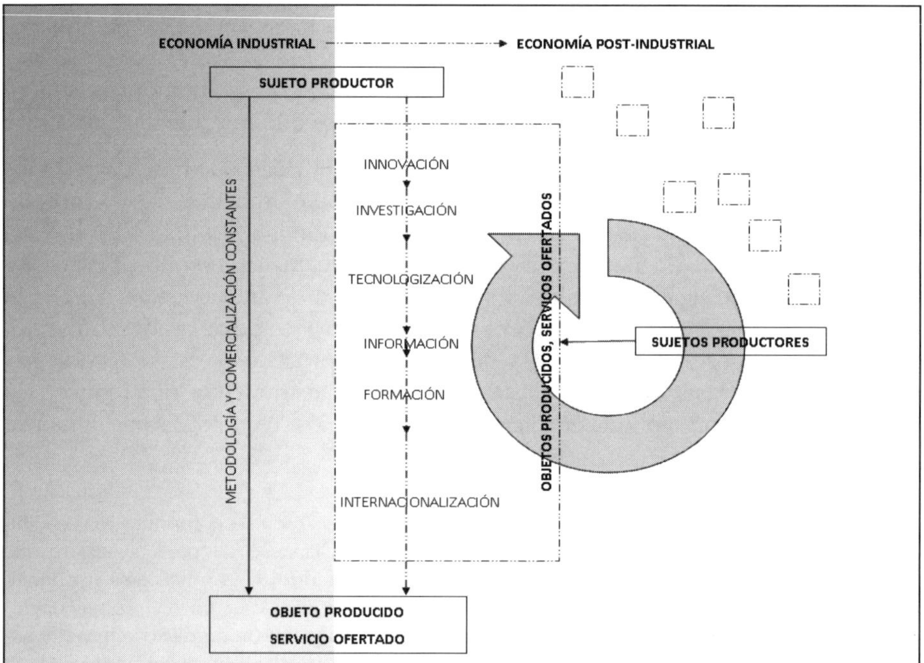

Figura 1

La figura pretende mostrar muy esquemáticamente las diferencias que el proceso productivo incorpora en la nueva economía a partir de un circuito básico de producción que identificamos, en la parte izquierda –sombreada– del cuadro, con la economía industrial. En esa parte izquierda, trazamos una relación simple del sujeto productor (trabajador/empleado) con la mercancía final producida, relación básica que se forja a partir de una metodología de producción y comercialización relativamente constantes: la empresa produce el mismo objeto mediante los mismos procesos y la misma plantilla de trabajadores, para venderlo en un universo de consumidores relativamente estable (la producción de automóviles durante buena parte del siglo XX es el ejemplo paradigmático de este tipo de fabricación y distribución de mercancías).

En el tránsito hacia la economía post-industrial, caracterizada por un incremento del indeterminado *sector servicios*[12] frente al industrial, ese circuito de producción básico va complejizándose hasta componer un itinerario abierto de incierta precisión, repleto de aristas y recovecos que hacen difícil sellar una circularidad determinada en el proceso productivo. En este nuevo panorama, como se muestra en la parte derecha del esquema, la relación del sujeto productor con un determinado objeto o servicio final está necesariamente mediada por esos elementos que rentabilizan la labor frente a otros sujetos productores competidores (innovación, investigación, tecnologización...). De hecho, a diferencia de lo que ocurría en el ciclo productivo industrial, en la nueva economía no está garantizado que el trabajo empeñado –de tan mediado que está y, a su vez, mediador que debe ser– concluya en un objeto o servicio rentable; la discontinuidad y lo sinuoso del recorrido hacen incierto el fin del trabajo[13].

De este modo, en el proceso productivo se insertan elementos que implican labores cualificadas externas, ya que estos elementos que fundamentan los nuevos procesos productivos reclaman especializaciones y, por tanto, mediaciones de otros sujetos productores. De este modo, en la nueva economía, buena parte de los trabajos desarrollados producen, en último término –y si el proceso no se interrumpe– servicios y objetos que se insertan en el proceso productivo de otro sujeto productor, conformándose una economía de red en la que las dependencias clientelares son cruzadas e inciertas[14]. Sobre esta incertidumbre del

12. Aunque nos refiramos a *sectores productivos*, esta expresión debe ser tomada con cautela en el entorno de la nueva economía, ya que, como se deduce de la *figura 1*, las actividades desarrolladas en el nuevo ciclo productivo y que podrían considerarse propias del sector *servicios,* se aplican de modo transversal a la clásica división sectorial de la economía. En el caso riojano, investigaciones, tecnologías, innovaciones o comunicaciones para la proyección de la marca, por ejemplo, se aplican constantemente en el ámbito agrícola vitivinícola (sector primario), aun tratándose de actividades propias de la nueva economía.

13. Beck (2006, 225) habla de una *desestandarización del trabajo productivo*. Esta pérdida de la linealidad en el desarrollo del trabajo lleva a Corsani (2004, 96) a voltear el eslogan shumpeteriano de la *destrucción creativa* para hablar de *creación destructiva*, en la medida en que buena parte de lo que se inventa, se crea y se produce, es, en último término, discriminado y destruido.

14. Cfr. Castells (2007). Paradójicamente, como apunta Innerarity (2011, 17-18), en la *sociedad del conocimiento*, en este nuevo ciclo incierto, el sujeto es relativamente más ignorante que nunca, zarandeado y desorientado por las nuevas circunstancias: "Nuestra ignorancia es una consecuencia de tres propiedades que caracterizan a la sociedad contemporánea: el carácter no inmediato de nuestra experiencia del mundo, la densidad de la información, y las mediaciones tecnológicas a través de las cuales nos relacionamos con la realidad".

negocio y, por tanto, de la posición económica, los sujetos son igualmente inciertos, de modo que su identificación como trabajador, productor, empresario, consumidor o como cualquier categoría estática de la vieja economía, es altamente problemática[15]. Esto añade una complejidad añadida al esquema propuesto, y es que la conformación del *sujeto productor* se desmadeja en singularidades poco definibles (señaladas en cuadrados discontinuos que rompen la circularidad ideal del ciclo productivo), redundando, como veremos, en la dificultad de captura de esta realidad por parte del derecho, que ya no puede codificar integral y continuadamente a un sujeto como *empresario*, *trabajador empleado* o *desempleado*, ya que la volatilidad de los trabajos hace efímero el estatus de los individuos.

A diferencia, por tanto, de lo que ocurría en un modo de producción industrial clásico en el que podía aislarse un ciclo donde la producción estaba directamente relacionada con un ámbito de consumo definido, en el ciclo de producción post-industrial los sujetos trabajadores (mucho más autónomos y menos disciplinados que en la producción fabril) producen objetos y servicios que habilitan innovaciones, investigaciones, tecnologías, informaciones, cualificaciones, etc. Estos productos están mediados, a su vez, por trabajos anteriores que incorporaban ya esos mismos elementos en forma de productos previos adquiridos; y, circularmente, los productos se insertan, a su vez, en procesos productivos que renovarán nuevos objetos y servicios ofertados[16]. Solo en esta autorreferencialidad puede comprenderse el carácter progresivo pero recurrente de la nueva economía[17].

En estas claves expuestas, por tanto, sintetizamos el marco teórico socio-económico que, en interacción con el derecho, marca las reglas de orden de la nueva economía. No interpretamos, por tanto, que el derecho se pliegue a la economía, sino que el derecho, atendiendo a la complejidad socio-económica, propone normaciones, seguridades, previsiones, *nomos* (otra cuestión no menor

15. "En una democracia del conocimiento ya no son útiles las estrictas divisiones del trabajo que funcionan a base de que cada perspectiva se desentienda de la responsabilidad por tomar en consideración otros puntos de vista" (Innerarity, 2011, 123).

16. "En la sociedad del conocimiento la riqueza no está tanto en los bienes tangibles como en los intangibles asociados al ser humano (inteligencia, talento, imaginación, creatividad, relaciones, amistades...). Para poder destacar en esta nueva sociedad cognitiva es preciso que el individuo se esfuerce en su formación" (García Lizana y Moreno Jiménez, 2008, 205).

17. Se trata de una circularidad de ritmos, intensidades y resultados inciertos en la que también participan, como veremos, la política y el derecho: "la tecnología influye en la economía, lo económico repercute en los valores, éstos condicionan la propia actividad económica; pero, también, la política; la cual, a su vez, incide en el comportamiento de la economía, de la que dependen el desarrollo de la tecnología, que está, a su vez, influida e influye en el conocimiento humano, y en las relaciones entre la gente y con el propio hábitat, en la actividad política, etc." (García Lizana y Moreno Jiménez, 2008, 192).

–ética– es que en estas normaciones haya damnificados). En esta línea, la situación socio-económica descrita no puede ser ignorada por el derecho, aunque, como veremos en lo que sigue, los modos en los que el derecho puede ordenar esta realidad son variados. Y esas variaciones no son anecdóticas.

En resumen, podemos concluir el capítulo apuntando que, en la transformación relacional que marca la nueva economía, entran en crisis buena parte de los conceptos básicos sobre los que se erigía la creación de riqueza clásica[18]. De este modo, se revelan unos desajustes evidentes en las relaciones sociales, síntoma de un escenario de vértigo e inestabilidades en el ciclo productivo. Ante este panorama, el derecho se enfrenta a un reto especialmente complejo: un reto que le impele a renovar sus formas y capturas para dar respuesta a la irrupción de la crisis conceptual, y un reto que le impele, en definitiva, a proporcionar un orden social suficiente.

1.2. Marco jurídico: disgregación conceptual, transferencia competencial y Parlamento autonómico

Veíamos cómo en la redefinición conceptual que se propone al calor de la nueva economía, no solo se esbozan nuevos titulares y lugares comunes, sino que, en contextos más personales, también cambian los modos rutinarios en los que el trabajador y el empresario se relacionan, tanto entre sí como con el producto final. Buena parte de la regulación que, en la economía industrial, mediaba en esta relación, resulta hoy en día insuficiente –cuando no obsoleta– para recoger toda la complejidad que implican los nuevos modos de vinculación y dependencia. El trabajo mismo reconcibe sus propios límites conceptuales, recorrido ahora por las demandas de la nueva economía.

En esta etapa de transformación, el sistema jurídico ya no puede atrapar todas estas nuevas complejidades de la sociedad a través de la rígida canalización competencial en la que se identificaba rigurosamente una *materia* y un destinatario formal para su gestión, administración o, en general, normación[19]. En la medida en que los viejos conceptos pierden su incolumidad (conceptos como

18. Pululan a modo de *categorías zombis* (Beck y Beck-Gernsheim 2003, 339 y ss), aparentemente vivas pero con prestaciones analíticas inertes.

19. Si tomamos la delimitación de *lo jurídico* que propone Luhmann (2005, 75), podemos evitar los problemas teóricos que implicaría esta disgregación conceptual y su inadecuación a los viejos cauces normativos: "Aceptar que el sistema tiene un carácter autorreferencial y cerrado conlleva una noción completamente diferente de los límites del sistema. Éstos no se definen a nivel institucional, sino a nivel operativo". De este modo, lo relevante es la capacidad del sistema jurídico para operar válidamente sobre esa renovación conceptual, superando la rigidez marcada institucionalmente.

trabajo, empresa o incluso mercancía) y ya no están determinados por la relación clásica laboral entre empresario y trabajador –en torno a la cual pivotaba durante el siglo XX casi toda la legislación referida a la *creación de riqueza*–, las *materias* que están implicadas en la confección y desarrollo de la nueva economía componen un panorama absolutamente heterogéneo en el que los resortes que mueven el *progreso*, la *prosperidad social* o la *generación de riqueza*, son más inciertos y están más cruzados que nunca: velar por la salud de la economía, por el derecho al trabajo y por la salvaguarda de *lo social* implica, en el marco jurídico constitucional actual, observar esas cuestiones abordadas anteriormente: innovación, investigación, información, tecnologización, etc.; porque solo en la medida en que se habilitan estas posibilidades, se habilita la dinámica mercantil y, por tanto, la dinámica laboral, piedra angular del sistema social en el marco jurídico actual.

Estas transformaciones demandan reformulaciones jurídicas capaces de procurar un orden social suficiente, de modo que el derecho articula modos de regulación esparcidos en esos ámbitos mencionados, involucrados en la nueva *cuestión social*. La interacción del derecho con *lo laboral, lo social* o *lo económico* ya no se circunscribe a los perímetros definidos respectivos (sobre todo a la política laboral y sus consiguientes coberturas sociales), sino que debe articularse en territorios cruzados y aun en cuestiones transversales a varias materias[20].

Ante esta tesitura, la división competencial clásica que realiza el derecho español ya no compartimenta tan tajantemente los resortes jurídicos capaces de interactuar con los procesos económicos. Es aquí, precisamente, donde radica en el marco jurídico español el potencial de las Comunidades Autónomas para influir decisivamente en la *deriva* de la nueva economía. En la dispersión con-

20. Siguiendo esta lógica, por ejemplo, el Fondo Social Europeo –paradigma de mecanismo redistributivo que recoloca los elementos que dan forma a *lo social* en la nueva economía– se destina en este escenario de competencias cruzadas a muy diversos fines, y no solo a la protección de aquellos ciudadanos que quedan fuera del *proceso de creación de riqueza formal* –es decir, del empleo– a modo de red de seguridad. *Lo social*, ahora, también contempla, por ejemplo, sufragar gastos de inversión en negocios que pueden considerarse *adaptados* a las nuevas condiciones, o cursos de formación estratégicos para renovar el potencial humano de una región, o procurar una infraestructura tecnológica suficiente como para dar respuesta rápida a los retos del mercado que puedan surgir. La observancia de *lo social*, por tanto, ya no consiste tan solo en la salvaguardia de quienes estructural o coyunturalmente no encajan en los mecanismos rígidos de producción (la fábrica como paradigma del *progreso fordista*), sino que extiende sus tentáculos por muy diversos territorios, fomentando la innovación, la investigación, la formación, la información, la tecnologización, la internacionalización, etc. (y, paralelamente –aunque este extremo queda fuera de nuestro objeto de estudio– olvida las garantías y coberturas de viejo cuño, tal y como ha puesto en evidencia una ingente literatura científica: Cfr., por ejemplo, Ojeda Avilés, 2010).

ceptual y la co-implicación de materias propia del nuevo ciclo productivo, cualquier interacción de *lo público*, de un modo u otro, afecta el devenir económico en tanto que propone un orden de los elementos en juego. En este sentido, en términos generales, las Comunidades Autónomas, en la medida en que tienen atribuidas funciones financieras y de elaboración de presupuestos, asumen una propuesta de orden para las complejidades que tejen la dinámica económica de un territorio[21].

Si en la vieja economía la Constitución Española delimitaba conceptualmente la *materia laboral* (art. 149.1.7º y 13º CE), actualmente esta partición tiene unos efectos mucho más limitados, ya que hay materias jurídicas que, aun no siendo formalmente *cuestión laboral*, afectan directamente los modos de prestación del trabajo, sus variantes organizativas, su complejidad inmanente, sus alternativas de eficacia, etc. En muchas de esas materias, las Comunidades Autónomas y, en lo que toca a este estudio, la Comunidad Autónoma de La Rioja, tiene capacidad normativa.

Sin duda que, dada la laxitud del concepto *economía*, su normación puede emprenderse desde muy diversos ámbitos, presentes tanto en las competencias originarias del Estatuto de Autonomía de La Rioja, como en los traspasos sucesivos operados del Estado a la Comunidad Autónoma. Nos interesa, sin embargo, localizar los ámbitos en los que radiquen posibilidades de afección sobre la economía a través de aquellos resortes que, como vimos en §1, habilitan los caracteres renovadores de dicha economía.

Este desbordamiento conceptual general que, como hemos visto, recoge en buena parte el derecho autonómico, puede ser interpretado y precisado en clave de materias concretas, relacionadas en los artículos de división competencial tanto de la Constitución Española (art. 148 y 149 CE) como del Estatuto de Autonomía de La Rioja (8, 9, 10 y 11 EAR). Sin duda que en estas relaciones competenciales, las implicaciones con el nuevo orden económico son numerosas (internacionalización, régimen fiscal, ordenación de recursos y aprovechamientos naturales, etc.). A los efectos de nuestro estudio, sin embargo, distinguimos tres grandes materias que, a tenor de la contextualización realizada previamente, consideramos más relevantes de entre el resto de compartimentaciones competenciales: *(a) La materia laboral* conforma, en primer lugar, el ámbito competencial en el que, por antonomasia, se regulaba la creación de riqueza del ciclo productivo industrial. La nueva dimensión del tra-

21. "Las funciones financieras de la Asamblea nos sitúan en el mismo núcleo de las políticas sociales en términos de realismo" (Sánchez Ferriz, 2005, 124), de manera que, en un sentido extenso, la confección presupuestaria misma contempla las complejidades (originarias o transferidas) que afectan a la nueva economía.

bajo hace difícil sintetizar las posibilidades de *lo laboral* en una administración delimitada, de tal modo que muchos asuntos que formalmente recaen en ese ámbito han sido asumidos de modo disperso por otras administraciones. Y es que la renovación conceptual de la nueva economía ha debido *inventar* dispositivos jurídico-laborales que ponen en juego esos elementos esenciales del nuevo orden, es decir, que fomentan, ordenan, estimulan o canalizan la implementación en las relaciones laborales de la investigación, la tecnología, la innovación, la internacionalización, etc. Y para ello la ingeniería jurídica ensaya caminos diversos que proponen nuevos modos de relación entre trabajadores y empresarios. En la implementación administrativa de estos nuevos dispositivos jurídico-laborales juegan un papel importante las Comunidades Autónomas, según el siguiente recorrido jurídico:

La materia *laboral* está prevista en el art. 149.1.7 CE como competencia exclusiva del Estado. Sin embargo, el art. 11.3 EAR, en virtud de la reforma operada por la Ley Orgánica 2/1999 de 7 de enero, de reforma de la Ley Orgánica 3/1982, de Estatuto de Autonomía de La Rioja, establece que corresponde a la Comunidad Autónoma de La Rioja, *en los términos que establezcan las leyes y, en su caso, las normas reglamentarias que para su desarrollo dicte el Estado, la función ejecutiva en materia laboral*[22]. En este sentido, la función ejecutiva queda delimitada por los términos que establecen los Reales Decretos de traspaso de servicios y funciones (RD 1379/2001, en lo relativo a la materia laboral, aunque también, previamente, el RD 41/1999, en materia de formación ocupacional).

De este modo, los posibles ámbitos de acción autonómica en materia laboral *stricto sensu* quedan debidamente definidos, tanto por la asunción competencial operada por la reforma del EAR en 1999, como por los pertinentes traspasos de funciones y servicios que detallan el margen de maniobra de la administración autonómica en este aspecto. En último término, este margen de maniobra cristaliza, mediante la Ley 2/2003 de 3 de marzo, en la creación del Servicio Riojano de Empleo.

En segundo lugar, resulta clave el desarrollo competencial de *(b) la investigación científica y técnica*. Si las canalizaciones competenciales para la ejecución de *lo laboral* en el ámbito autonómico son relativamente claras, las referentes a la investigación son de más difícil precisión. Y es que cuando

22. La distinción entre "legislación" y "ejecución", y entre materia "laboral" y otras conexas (como la de Seguridad Social, formación profesional, empleo...), ha suscitado abundante jurisprudencia constitucional. En el caso que nos ocupa, la ejecución de estas materias por parte de las Comunidades Autónomas debe entenderse en un sentido restringido, sin elementos normativos más allá de lo necesario para el funcionamiento de los servicios.

hablamos de *investigación científica y técnica* nos referimos, sin duda, a uno de los componentes esenciales de la nueva economía, pero en su dimensión abstracta, es decir, en términos generales, sin vinculación cierta con el ciclo productivo. Hablamos, por tanto, de las posibilidades que recaen en la administración autonómica para generar en el territorio riojano investigación e innovación científico-técnica en un sentido general (más allá de las aplicaciones concretas que se derivan de la integración de la empresa entre los agentes del *Sistema Riojano de Innovación*). Nos interesa destacar aquí los caminos jurídicos que habilitan a la Comunidad Autónoma de La Rioja para generar *investigaciones* con el objetivo del *desarrollo* en el horizonte. Esos caminos jurídicos se fundamentan, de nuevo, en la relación competencial establecida en el art. 149.1 CE, en concreto en su apartado 15, donde se contempla como competencia exclusiva del Estado *el fomento y coordinación general de la investigación científica y técnica*. Al amparo de este precepto constitucional, se promulga la Ley 13/1986, de Fomento y Coordinación General de la Investigación Científica y Técnica, cuyo principal objetivo es *promover la I+D+i mediante la creación de los instrumentos necesarios*. En este marco jurídico estatal, la reforma estatutaria riojana de 1999 agrega en el art. 8.24, como competencia exclusiva que corresponde a la Comunidad Autónoma de La Rioja, la de la *investigación científica y técnica, en coordinación con la general del Estado, prestando especial atención a la lengua castellana por ser originaria de La Rioja y constituir parte esencial de su cultura*. Resulta problemático, por tanto, resolver el concepto y alcance de la *coordinación* en esta materia, así como las posibilidades reales de autonomía científica a la luz de esta habilitación competencial.

En tercer lugar nos ocupamos del modo en que los ámbitos competenciales básicos para el desarrollo de la nueva economía expuestos en (a) y (b) quedan definitivamente engarzados en el margen de maniobra que jurídicamente se habilita en clave de *(c) planificación de la economía*: La Constitución, en el artículo 149.1.13º, reserva al Estado la competencia exclusiva sobre las bases y coordinación de la planificación general de la actividad económica. Por otro lado, el artículo 8.1.4 EAR establece que corresponde en exclusiva a la Comunidad Autónoma de La Rioja la *ordenación y planificación de la actividad económica, así como fomento del desarrollo económico de la Comunidad Autónoma, dentro de los objetivos marcados por la política económica nacional*. Además, el artículo 11.1 EAR dice: *Corresponde a la Comunidad Autónoma de La Rioja, en los términos que establezcan las leyes, y, en su caso, a las normas reglamentarias que para su desarrollo dicte el Estado, la función ejecutiva de las siguientes materias: (...) 2. Planes establecidos por el Estado para: La reestructuración de sectores económicos. El estímulo y la ampliación de actividades productivas e implantación de nuevas empresas. Las actuaciones referidas a comarcas deprimidas o en crisis.*

De este modo, podemos concluir que la Comunidad Autónoma de La Rioja detenta los resortes competenciales necesarios para implementar la investigación, la innovación y todos aquellos elementos característicos del nuevo tejido productivo en el entramado económico regional. En este sentido, el organismo clave para desarrollar este cometido es, sin duda, la Agencia de Desarrollo Económico de La Rioja, creada por la Ley 7/1997, de 3 de octubre.

1.3. ÁMBITOS CONCRETOS PARA LA ACCIÓN NORMATIVA AUTONÓMICA EN LA NUEVA ECONOMÍA: ACTIVIDAD PARLAMENTARIA

A la luz de lo expuesto, y dejando de lado la desregulación de los estatutos laborales de origen industrial –que es competencia íntegra estatal–, pretendemos delimitar ámbitos que afectan al desarrollo de la nueva economía y que recaen, a su vez, en el campo de normación autonómico; procedemos a esta localización tanto a partir del desbordamiento de los viejos conceptos laborales explicado –es decir, ámbitos que emergen, precisamente, de la incapacidad del derecho laboral estricto para ordenar la creación de valor y riqueza–, como a partir de la redistribución competencial arriba referida.

Cruzando, de este modo, la complejidad teórica esbozada en el marco socio-económico (§1.1) y la asunción de esa complejidad por el sistema jurídico autonómico (§1.2), localizamos dos ámbitos relativamente definidos en los que la Comunidad Autónoma tiene capacidad normativa y cuya validez será clave para concretar el objeto de este estudio. Porque, como apuntábamos anteriormente, lo que define a la nueva economía es que el entramado jurídico habilita las canalizaciones necesarias para el desarrollo de ciertas potencias sociales que, aunque siempre estuvieron presentes, nunca resultaron tan necesarias para un determinado orden[23]. En este sentido, la única opción de que las formas jurídicas generen orden en el escenario actual –sin aniquilar los fundamentos constitucionales sobre los que se erigen las democracias actuales– es implementar figuras jurídicas que, por un lado, desarrollen la innovación, la investigación, la tecnología y la comunicación y, por otro lado, relajen la rigidez de las viejas relaciones laborales, proyectadas para la producción

23. "Las políticas *del* conocimiento y *a través* del conocimiento se han convertido en un asunto de ciudadanía democrática, donde nos jugamos muchos problemas teóricos y, principalmente, la calidad de nuestro espacio público (...) Los sujetos, las organizaciones y la sociedad en su conjunto tienen su principal desafío en la gobernanza justa e inteligente de tal exceso de posibilidades. La *inteligencia sobrecargada* es la experiencia antropológica básica que está en el origen de buena parte de nuestros problemas sociales y políticos" (Innerarity, 2011, 12).

de mercancías en modo constante y sin fecha de fin de producción prevista. De esta manera, la delimitación de ámbitos de acción en relación con la competencia autonómica es la siguiente:

a) El fomento de la I+D+i como motor de la invención de nuevos mundos que abran mercados y, por tanto, estimulen la creación de valor y riqueza. Este ámbito es asumido por la función legislativa autonómica de modo transversal en muchas actuaciones, de entre las que destacamos, a modo de hitos, dos:

   - Ley 7/1997, de 3 de octubre, de creación de la Agencia de Desarrollo Económico de La Rioja (en adelante Ley de creación de la ADER)
   - Ley 3/2009, de 23 de junio, de la Ciencia, la Tecnología y la Innovación (en adelante Ley de la Ciencia, la Tecnología y la Innovación).

b) El fomento de figuras jurídicas que encaucen más certeramente la flexibilidad necesaria en las relaciones laborales postindustriales, así como el reciclaje formativo que adapte el tejido productivo a la emergencia de nuevos negocios. En este sentido, el poder legislativo autonómico se ha activado a partir de la transferencia competencial del RD 41/1999 y del RD 1379/2001, creándose a su amparo el Servicio Riojano de Empleo (mediante Ley 2/2003, de 3 de marzo, de creación del Servicio Riojano de Empleo –en adelante Ley de creación del SRE–) como organismo autónomo que pretende habilitar flexibilidad en *lo laboral*, así como prestar la formación necesaria para cualificar al trabajador y dotar a la Región de un potencial humano apto para las nuevas intensidades de trabajo. Se trata, en definitiva, de desarrollar lo que la doctrina ha sintetizado como *políticas activas de empleo*[24].

De este modo, la síntesis de la complejidad esbozada en §1.1 y la subsiguiente captura de esta por parte del aparataje estatal y, por tanto, por parte del sistema jurídico (§1.2), queda como esquematiza la siguiente figura:

24. Durante la elaboración de este estudio, el Presidente del Gobierno de La Rioja ha anunciado en sede parlamentaria la "eliminación" del Servicio Riojano de Empleo, "con el objetivo de dar una mayor eficacia en el Servicio". En ese empeño, las funciones del Servicio se rearticularán en forma de una Dirección General de la Consejería de Industria, Innovación y Empleo. En todo caso, más allá de que, con este anuncio, quede cuestionada la eficacia de la Ley de creación del SRE, consideramos válido el análisis de los argumentos esgrimidos en su discusión para valorar la función parlamentaria.

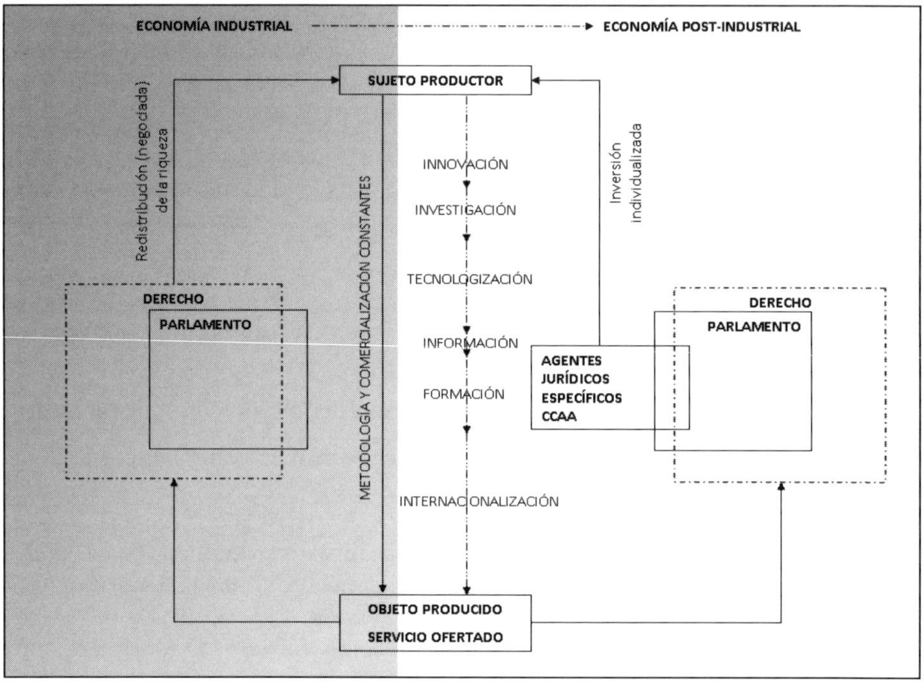

Figura 2

En el ciclo de producción cerrado industrial (parte izquierda sombreada) la redistribución de la riqueza nacional producida por el trabajo (fuente hegemónica de riqueza deducida del *objeto producido*) era relativamente simple: el derecho laboral propio del estado social regulaba, aun a través de negociaciones *inter partes*, los mecanismos de apropiación de la riqueza (horarios y salarios del trabajador como sujeto tipo de la producción fabril); del mismo modo, el derecho laboral y de la seguridad social establecía los modos de aseguramiento social mediante cotizaciones (prestaciones por desempleo y pensiones), así como redistribuciones impositivas que tejían *lo social* en su vertiente más ambiciosa (sanidad y educación). De este modo, la materia *derecho del trabajo y de la seguridad social* agotaba en sus programas la normación del trabajo, creación de riqueza y estabilidad social necesarias para la reproducción del ciclo productivo.

En el ciclo de producción post-industrial (parte derecha del cuadro) la normación del trabajo y de la producción de riqueza resulta más compleja. Queda fuera de nuestro estudio esa vertiente amplia de *lo social* que, aun con polémicas ligadas a los procesos de *racionalización del gasto público*, sigue funcionando en el estado post-industrial (mantenimiento de los servicios de sanidad y educación). Nos ocupa, sin embargo, la regulación que desde el Estado se proyecta para procurar la reproducción del ciclo de creación de riqueza y que, aun tratando materias laborales, es extraña en buena parte al quicio clásico del *derecho laboral y de la seguridad social*. Esta regulación pasa por una *fiscalización* de la riqueza generada en el ciclo productivo en aras de garantizar su reproducción mediante una reinversión especializada, individualizada en sujetos productores que demuestren o justifiquen una línea de negocio caracterizada por la innovación, la investigación, la tecnologización, etc., así como por la flexibilidad en la prestación del trabajo (autónomos, emprendedores, economías sociales, etc.). Esta reinversión procede a través de agencias y organismos suficientemente autónomos como para decidir con criterios técnicos ágiles el destino de las subvenciones e inversiones de fomento económico[25]. En La Rioja asumen esta función, paradigmáticamente, la Agencia de Desarrollo Económico y el Servicio Riojano de Empleo, así como otros organismos implicados en áreas más específicas, contemplados en la Ley de la Ciencia, la Tecnología y la Innovación.

Resulta evidente que este paso que dibujamos entre las economías industrial y post-industrial es una disociación teórica para una comprensión en abstracto. La distinción de ambas economías remite a tendencias diversas hacia el orden,

25. El problema de referir estos *criterios técnicos ágiles* es que ya no pueden vincularse a una dicotomía *acertados/erróneos* contrastable en el corto plazo, sino que, constantemente, están expuestos a su propia invalidez en un universo de *proliferaciones decisionales*: "En este marco, frente a la concepción de un avance homogéneo, hay que aceptar, como hace Feyerabend, que en cada momento existen múltiples teorías enfrentadas, con las que debería trabajarse simultáneamente (principio de proliferación). Este proceso cognitivo, por tanto, debe estar basado en la pluralidad de opiniones, la diversidad de ideas y en la selección personal de las mismas" (García Lizana y Moreno Jiménez, 2008, 185). La mediación tecnológica implica constantemente la caducidad de unos procesos que son sustituidos por otros, incluidos los procesos de regulación y retroalimentación del imprevisible ciclo productivo: "Tal replanteamiento cognitivo se ve reforzado por las innovaciones tecnológicas, verdaderamente audaces, que están transformando otros ámbitos de la vida social, condicionando de manera evidente la marcha de los acontecimientos." (García Lizana y Moreno Jiménez, 2008, 186). Y la consiguiente demanda de redefinición del proceder jurídico anima las opiniones que denuncian "cierta falacia de la democracia, ya que esta forma de representación no está respondiendo a su propósito inicial: la participación de los ciudadanos en su propio gobierno, en beneficio del bien común. Son muchas las voces, empezando por las administraciones públicas (VI Programa Marco de la UE), que se han alzado reclamando una mayor implicación de los ciudadanos en el gobierno de la sociedad" (García Lizana y Moreno Jiménez, 2008, 192). En palabras de Innerarity (2011, 100), "el control social del conocimiento se ha convertido en una cuestión central de la nueva ciudadanía democrática". En concreto, "en las decisiones políticas pueden y deben comparecer argumentaciones y criterios no cognitivos, como la utilidad social (...) nuestro gran problema consiste en cómo llevar a cabo la reintegración social de la ciencia cuando sabemos que están en juego asuntos demasiado importantes como para dejarlos únicamente en manos de los especialistas" (Innerarity, 2011, 1127-128).

si bien estas tendencias coexisten, se solapan y se manifiestan en fenómenos distintos de una misma sociedad. Por tanto, los tratamientos jurídicos de los ciclos productivos aquí expuestos no son excluyentes y cohabitan, de tal modo que, si bien es cierto que la tendencia actual procura una retroalimentación del ciclo productivo a partir de agencias y organismos que seleccionan las iniciativas de negocio o investigación más integradas en el devenir de la nueva economía, esto no inhabilita de modo automático el entramado clásico de redistribución social de la riqueza (prestaciones, negociación laboral, etc.) propio del ciclo productivo anterior.

2. Razón legislativa parlamentaria[26]

Una vez delimitado en sus términos básicos el campo socio-económico, así como descrita la asunción jurídica de las nuevas relaciones implicadas en el mismo y, en concreto, expuestas las posibilidades competenciales autonómicas en lo referente a la nueva economía, procedemos en este segundo capítulo –que es central en el estudio que presentamos– a realizar el análisis concreto de las razones legislativas expuestas en el Parlamento autonómico. Este análisis es relevante por varias razones:

a) En primer lugar, procede el análisis de las razones normativas parlamentarias por las funciones que, con carácter general, tienen atribuidas los parlamentos que, por definición jurídica formal[27], son el recinto en el que se fra-

26. La idea de *razón legislativa* implica una complejidad que excede este estudio pero que, a la vez, lo cimienta. Partiendo de la idea básica de *razón instrumental* (Weber, 1969, 20) –o racionalidad con arreglo a fines y no a partir de valores– distinguimos la *racionalidad normativa* como aquella que tiene el orden como fin, tomando en cuenta la tendencia jurídica general hacia el funcionalismo, con diversas intensidades y ritmos dependiendo de la rama del ordenamiento, pero especialmente acusada en el ámbito normativo de la economía. La *razón legislativa*, por tanto, será el tipo de *razón normativa* que se instrumentaliza mediante la ley. Sin necesidad de determinaciones ideológicas previas, distinguimos, además, tipos de *razón* que desbordan la mera *razón subjetiva individual* (Horkheimer 1973, 15) y que, por tanto, marcan fines que implican a una colectividad (*razón colectiva*). A esta *razón colectiva* la caracterizamos como *razón pública*, en la medida en que estos fines se encauzan a través de entidades de vocación pública, paradigmáticamente las del Estado, o como *razón parlamentaria*, con arreglo a los fines que tiene atribuidos jurídicamente la institución. Se trata, en estos casos, de mediación jurídica de la razón, de *razón formalizada* a través de los resortes *procedimentales* de la democracia que habilitan la única *razón objetiva* aceptada en tanto que *razón democrática*, al calor del *principio de la mayoría* (Horkheimer 1973, 37).

27. En concreto, el art. 16.1 EAR: "El Parlamento representa al pueblo de La Rioja, ejerce la potestad legislativa, aprueba los presupuestos y las cuentas de La Rioja, impulsa y controla la acción política y de Gobierno y ejerce las restantes competencias que le confiere la Constitución,

gua la normatividad legal de las sociedades democráticas. Podemos afirmar, por tanto, que las decisiones tomadas en sede parlamentaria deben obedecer, tal y como queda jurídicamente conformada la institución, a una articulación racional construida sobre un determinado fundamento social[28].

En este sentido, si continuamos la línea lógica que nos ha llevado del estudio de la complejidad socio-económica a la normación jurídica de la misma a través de tres leyes referenciales destacadas, en este siguiente paso debemos abordar la comunicación de la que ha derivado ese modo concreto de normación, es decir, la comunicación entre legisladores, el intercambio de *ratios* y su adecuación al fundamento social en el que se gesta la nueva economía.

b) En segundo lugar, es pertinente el análisis de las razones de normación parlamentarias por la coyuntura concreta en la que surge el Parlamento de La Rioja: la actividad del Parlamento de La Rioja, inaugurado en 1983 (año en el que el partido conservador de Margaret Thatcher renovaba su mandato con una mayoría aplastante para imprimir un giro de tuerca más a la transformación del tejido empresarial británico), supone un campo de estudio excelente para el propósito de esta investigación. Y es que la conformación de la nueva economía en los términos expuestos en el capítulo anterior fija sus anclajes más elementales durante aquellos años en los que se reestructura la organización territorial en España: los primeros síntomas del agotamiento industrial, la crisis de los años 70 y la inhabilitación del patrón oro, la emergencia en el ámbito político del término *neoliberalismo*, la reconversión y las reformas laborales, así como la reinvención de las dependencias políticas en un ámbito supranacional como la UE. Desde aquellos años de inflexión, continúa la reformulación del derecho en pos de nuevos equilibrios eco-

---

este Estatuto y demás normas del ordenamiento jurídico". Según Sánchez Ferriz (2005, 124) "su presencia [del Parlamento] en las políticas sociales es tan amplia y diversificada como lo son las funciones propias (y tradicionales) de todo Parlamento (...) Sin perjuicio de las acciones jurisdiccionales que el ciudadano pueda emprender frente a la Administración que haya ejecutado las políticas sociales, el propio Parlamento controla, pues, al Gobierno y a su Administración."

28. Nos referimos, por tanto, a una vinculación básica entre la *razón parlamentaria* y el horizonte social apuntado en §1. A pesar de la difícil medición de la *virtud político-jurídica* en un escenario productivo de ciclo incierto, se trata de estirar y modular la voluntad keynesiana: "Keynes entendía que la intervención pública estaba en condiciones de evitar estos problemas, ya que al no participar de las debilidades e inclinaciones privadas, podía moverse en exclusiva por consideraciones de interés social, compensando de este modo las limitaciones derivadas de la preocupación por el interés propio" (García Lizana y Moreno Jiménez, 2008, 188). Y estirar la voluntad keynesiana puede pasar, en cualquier caso, por medidas aparentemente muy poco keynesianas, medidas que, constantemente, marquen equilibrios actualizados entre el *orden y el desorden* (Innerarity, 2011, 35 y ss), equilibrios que garanticen la constancia de *lo público* a través de la excepción.

nómicos y sociales. Por esta razón es especialmente interesante acceder a la actividad de un Parlamento que ha debido alternar las funciones constituyentes propias de un territorio autónomo moderno con las funciones renovadoras del orden social postmoderno. En cierto modo, y dada la instauración del Parlamento riojano en esos tiempos convulsos, podemos afirmar que, desde sus inicios, la institución tuvo que asumir tácitamente la función de generar en el contexto riojano un tipo de legislación ordenadora muy distinta de la que hasta entonces había sido típica en España. De este modo, los ámbitos concretos señalados anteriormente en los que el Parlamento riojano puede concentrar su labor ordenadora de la nueva economía, supusieron, desde el nacimiento de la institución, un reto normativo que, paulatinamente, sus agentes han ido asumiendo.

c) En tercer lugar, procede el análisis de las razones normativas parlamentarias porque en la convergencia de las dos primeras causas podemos tomar el Parlamento riojano como objeto de estudio especialmente diáfano para una observación detallada de la ordenación de la nueva economía. Una vez aislado este objeto de estudio, las posibilidades de interacción entre la academia y la práctica política resultan mucho más sencillas. Se trata, así, de establecer unos cauces concretos de análisis que nos permitan desarrollar un ejercicio de practicidad en el que distinguir vínculos directos entre la labor parlamentaria riojana y algunos resortes de la nueva economía que, en el capítulo precedente, hemos marcado como clave.

De este modo, pretendemos localizar un ámbito de *regularidad discursiva* que, más allá de *razones universales*, pueda comprenderse en la realidad social, económica y jurídica descrita, en cuyo interior quepan alternativas referenciadas y que, a su vez, genere una dialéctica que pueda afectar a la realidad social, económica y jurídica posterior[29]. En este sentido caben diversos ámbitos y focos de influencia (medios de comunicación, movimientos sociales, partidos políticos, etc.), sin embargo, el estudio de la razón parlamentaria, en concreto la del Parlamento de La Rioja, resulta mucho más delimitable, aislable y, en último término, susceptible de generar una crítica informada que influya en la normación futura[30].

29. Y lo hacemos siguiendo la recomendación de Foucault (1992, 44): "no ir del discurso hacia su núcleo interior y oculto, hacia el corazón de un pensamiento o de una significación que se manifestarían en él; sino, a partir del discurso mismo, de su aparición y de su regularidad, ir hacia sus condiciones externas de posibilidad, hacia lo que da motivo".

30. Esta pretensión que marcamos para el estudio encaja en la presunción de que, en síntesis, la calidad en el proceso de gestación de la ley repercute directamente en su calidad como producto final, en su eficacia y en su capacidad para lograr los objetivos propuestos: "cómo podemos lograr que las leyes sean más eficaces, más efectivas y más eficientes, cómo articular el procedimiento de producción normativa para que las normas sean la expresión de la voluntad de los ciudadanos o cómo armar mejor la relación entre legisladores (...) Una teoría de la legislación puede contribuir a dotar a nuestros sistemas de un poco más de racionalidad lingüística, lógico-formal, pragmática, teleológica y, quién sabe si también ética" (Zapatero, 2009, 20).

Es en esta línea en la que pretendemos valorar la importancia del elemento subjetivo parlamentario. En cierto modo, proponemos para las páginas siguientes el reto de ofrecer alternativas decisionales en el seno de la institución parlamentaria[31]; alternativas de las que puede depender en buena medida el devenir muchas veces descabezado de la nueva economía –o, al menos, alternativas que mitiguen parte de su sintomatología descontrolada–. Y lo hacemos desde las estructuras dinámicas supuestas en §1, es decir, desde la hipótesis de que la labor parlamentaria no es un ejercicio de *razón pura* en la que el parlamentario decide en el contexto aséptico de la propia conciencia y, por tanto, en absoluta libertad, sino que lo hace condicionado e incluso determinado por las *urgencias del orden*[32].

---

31. Como apunta Zapatero (2009, 23), "el problema no estriba, pues, en precisar si las ciencias tienen algo importante que ofrecer al legislador sino en averiguar si éste está dispuesto a recibirlo. La racionalidad política tiene sus propias leyes, su particular lógica. ¿Hasta qué punto está dispuesto un legislador a «dejarse aconsejar»?". "Es preciso tener en cuenta, en primer lugar (y esto que es clave en el modelo de gobierno de los sabios), sus eventuales limitaciones intelectuales y técnicas para percibir en cada momento la situación, y, por tanto, adoptar la decisión más adecuada. Lo cual tiene mucho que ver con los medios materiales disponibles (no todos los gobiernos disponen de los mismos recursos para observar, medir y controlar los procesos sociales); pero también con la preparación de los sujetos" (García Lizana y Moreno Jiménez, 2008, 189). De este modo, "la importancia del factor humano en los procesos decisionales, y con ello la necesidad de incorporar a los mismos las diferentes percepciones e interpretaciones de la realidad (conocimiento), ha llevado a la búsqueda de aproximaciones y procedimientos más abiertos" (García Lizana y Moreno Jiménez, 2008, 201). En concreto, García Lizana y Moreno Jiménez (2008, 204) proponen fórmulas de *e-gobierno* que, aunque quedan fuera de este estudio, emergen sobre las mismas inquietudes: "Las limitaciones cognitivas de los individuos (Kaufman, 1999), esto es, la ignorancia (falta de información), la estupidez (falta de formación para procesar la información) y la pasión (en la medida en que distorsiona la razón, esto es, el rigor y la objetividad), pueden verse solventadas, en su mayor parte, cuando se trabaja en grupo y se implica a toda la ciudadanía en el objetivo común de crear una sociedad" (García Lizana y Moreno Jiménez, 2008, 205).

32. Luhmann (2005, 79) añade en esta línea argumental desacralizadora de la función de la razón: "la argumentación no consiste en la búsqueda de un fundamento racional convincente, sino en una forma de dominar la contingencia y de condensar el contexto sistémico", afirmación que espanta toda posibilidad de *razón universal* implícita en un determinado argumento. Así, por ejemplo, en la implementación política y jurídica de las posibilidades de la ciencia (cuestión central en nuestro estudio), se cruzarán argumentos recorridos por códigos diversos, de tal modo que pueden construirse razones en muy diversas direcciones y con diversos objetivos: "Por decirlo con el lenguaje de Luhmann, la ciencia está bajo el código de la verdad y la política, bajo el del poder. Estas distintas racionalidades se traducen en diferentes expectativas" (Innerarity, 2011, 109)". Foucault (1992, 15) habla, en este mismo terreno, de un *perpetuo desplazamiento* que hace de la razón un modo de exclusión coyuntural: "El tema de la mediación universal es todavía, creo, una forma de elidir la realidad del discurso. Y esto a pesar de la apariencia. Pues parece, a primera vista, que al encontrar nuevamente por todas partes el movimiento de un logos que eleva las singularidades hasta el concepto y que permite a la conciencia inmediata desplegar finalmente toda la racionalidad del mundo, es el discurso mismo lo que se coloca en el centro de la especulación" (Foucault, 1992, 41).

2.1. MODELO DE ANÁLISIS DE RACIONALIDAD: NIVELES DE JUSTIFICACIÓN DE LA NORMA

El modelo que proponemos parte de la descripción socio-económica expuesta en §1. Desde esta perspectiva, por tanto, pretendemos desarrollar un modelo de análisis que distinga cauces de racionalidad legislativa instrumental[33] a través de *niveles de justificación argumental*[34].

Si damos continuidad a los esquemas anteriores, donde representábamos la lógica productiva y su *tramitación* jurídica, podemos componer la siguiente figura:

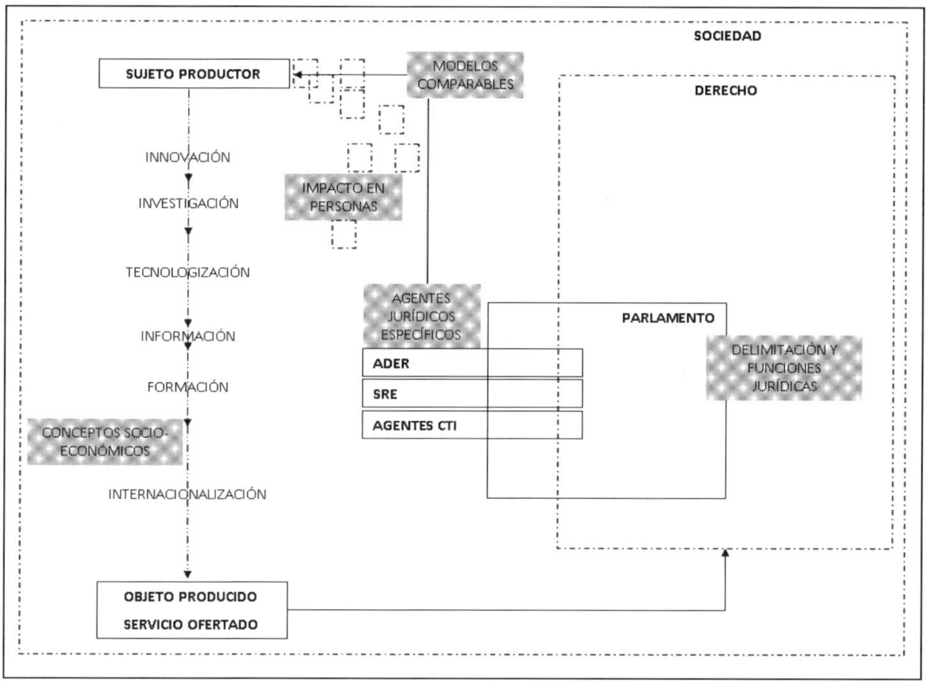

Figura 3

33. Atienza (1997, 38) habla de *racionalidad teleológica* (R4): "cabe decir que una ley es irracional si y en la medida en que no produce efectos o produce efectos no previstos y que no puedan tampoco considerarse como deseados o deseables".

34. Y proponemos esta criba porque "los condicionamientos que impone la propia racionalidad política a lo largo del proceso normativo o la propia tecnificación de las relaciones a regular lastran el camino hacia la racionalidad formal, lógico-lingüística de las normas cuando no la hunden directamente en la propia irracionalidad" (Zapatero, 2009, 31). Más aún, la criba propuesta pretende localizar en el proceso de creación de la norma esa *racionalidad material* de la que habla Zapatero (2009, 147) que debe caracterizar a nuestro derecho: "el paso

Distinguimos en esta figura el *subsistema social diferenciado* del Derecho (en líneas punteadas, como sistema de codificación de comunicación) así como varios centros de decisión o sujetos operatorios, de entre los que destacamos el Parlamento, la ADER, el SRE, además de, dependiendo de su grado de implicación, los diversos agentes del Sistema Riojano de Innovación previstos en la Ley de la Ciencia, la Tecnología y la Innovación (art. 2.2). Del mismo modo, y con una mera intención ilustrativa, señalamos la presencia de individuos, insertos en la sociedad pero, con carácter general, al margen del sistema jurídico, administrativo y, por supuesto, parlamentario; se trata de esos individuos que, en la *figura 1*, advertíamos que eran ya difícilmente discernibles como *sujeto productor* y que en este gráfico podemos considerar *ciudadanos* o, en sentido extenso, afectados por la normación autonómica.

Los sujetos operatorios o centros de decisión definidos, por tanto, están cruzados por racionalidades de diversa índole (económica, política, jurídica...) y, en principio, se les supone una tendencia hacia el comportamiento racional subjetivo, con sentidos diversos y con arreglos a fines más o menos determinados y mediatos. Apoyados en la teoría de sistemas luhmanniana, describimos el Parlamento como un escenario que no filtra comunicación especializada, sino que está cruzado de racionalidades variadas y caracterizado, en lo que a este estudio interesa, por recoger las argumentaciones inmediatamente anteriores a la creación del medio de codificación por antonomasia que produce comunicación jurídica: la ley y, en la medida en que la ley los habilita, otros centros de decisión que se *autonomizan* del Parlamento[35]. El documento, por tanto, que recoge ese cruzamiento de racionalidades previo a la aprobación de la Ley como texto independiente, es el diario de sesiones. De este modo, a pesar de las advertencias de Luhmann[36], nuestra propuesta de estudio pasa por analizar la comuni-

de la racionalidad formal a la racionalidad material de un derecho formal que se legitimaba por el establecimiento de un orden y unos procedimientos para que los ciudadanos buscaran por su cuenta la procura existencial, a un derecho materializado, que recoge y asume el compromiso de satisfacer fuertes demandas sociales y políticas".

35. La ley, en general, es el producto final de un proceso comunicativo que, a su vez, es puesto en circulación como tecnología o programación activa que pone en funcionamiento acciones racionales posteriores, de tal modo que, en nuestro esquema –y a pesar de que una ley no implica en sí la incorporación de procesadores humanos (voluntades libres que reflexionan)– toman la forma de sujetos operatorios activos en tanto que tecnologías suficientemente autónomas que se relacionan comunicativamente con otros sujetos operatorios del entorno (al modo en que nos comunicamos, por ejemplo, con un ordenador o un robot programado con suficiente complejidad). Más aún es así en nuestro caso, ya que estas normas habilitan abiertamente centros de decisión que, a su vez, incorporan sujetos operadores expertos.

36. Luhmann (2005, 77) advierte de que no hay operaciones explícitas de entrada y salida comunicativa por parte del sistema jurídico (ni siquiera las podemos reconocer en un centro de toma de decisiones como el Parlamento, cruzado por comunicación de sistemas variados), ya

cación inmediatamente anterior a la codificación jurídica, es decir, la del debate parlamentario, donde las implicaciones sociales, económicas, políticas y jurídicas están a punto de ser transformadas en *nuevo derecho* –pero que aún no lo son– y donde, por tanto, cabe recabar argumentos en los que se constate cierta contaminación comunicativa intersistémica. Lo complicado, y lo clarificador, es elaborar protocolos que desentrañen esas racionalidades que cruzan la actividad parlamentaria. Es en este desafío en el que proponemos unos filtros o *niveles de justificación* mediante los que clasificar los procesos operativos a través de los cuales el Parlamento tamiza y asume la complejidad social hasta codificarla en *derecho*[37].

La elaboración de estos niveles en los que marcar los argumentos, justificaciones y, por tanto, las lógicas internas e influencias externas que determinan la racionalidad del comportamiento de cualquier sujeto es una tarea complejísima[38]. En este estudio no pretendemos analizar la racionalidad de la ley como progra-

---

que, "si se adopta una teoría autorreferencial, autopoiética, ya no tiene sentido asumir que las estructuras del sistema jurídico pueden especificarse como input y output. Dichas estructuras regulan la producción de sus propias operaciones". De este modo, cuando estudiamos un sistema social como el derecho, debemos asumir que ya su estructura misma –en su morfología, en sus resortes operativos– incorpora las influencias de otros ámbitos. De esta manera, continúa el sociólogo alemán, "tiene sentido pasar de un modelo input-output a una teoría de los sistemas autorreferenciales. Está mejor dotada para el estado actual de la cuestión".

37. En este sentido, "el reto consiste en lograr el acoplamiento de las lógicas de tres subsistemas –derecho, política y economía– que funcionan autónomamente. Pero ¿hasta qué punto el derecho puede ser sensible a las lógicas de la economía y/o de la política? ¿Hasta qué punto el derecho puede incidir en el funcionamiento de la política y la economía? (...) Para Teubner, seguidor de las tesis de Luhmann, la capacidad de un subsistema de incidir en las esferas de los otros subsistemas es limitada: las presiones o demandas sociales y políticas solo tienen efecto en el orden legal en la medida en que aquellas sean traducibles a las categorías de las construcciones jurídicas. Y a la inversa la capacidad del derecho para influir sobre la marcha de la economía es más bien limitada. Una regulación, por ejemplo, sólo sirve para poner en movimiento el proceso de autorregulación del sistema social o del sistema económico pero sin que podamos predecir ni la dirección ni los resultados de este proceso" (Zapatero, 2009, 150).

38. Es evidente que en el esquema cabrían otros muchos niveles de análisis (ligados a los procesos de grupos de ciudadanos, de organismos, de juristas independientes, del derecho como sistema social, etc.). Más allá de señalar que se trata de una selección interesada para nuestro estudio, lo importante es reseñar que estas ratios no proceden de una suerte de *razón universal*, sino que las consideramos insertas en la complejidad global representada en la *figura 3*, condicionadas e incluso determinadas por coyunturas más o menos discernibles u ocultas. Con esta figura, en definitiva, delimitamos un ámbito de estudio muy preciso: la *racionalidad instrumental* vinculada a los diarios de sesiones del Parlamento.

mación de comportamientos[39], sino que pretendemos dar un paso lógico más y componer un modelo de análisis aplicable sobre las razones de los parlamentarios a la hora de aprobar el texto legal[40]. En los diarios de sesiones, por tanto, queda atestiguado el proceso de conformación comunicativa de las leyes seleccionadas. El desafío metodológico es que podamos analizar estos documentos mediante una perspectiva que explique la comunicación en el interior del Parlamento a la luz de las categorías socio-económicas y jurídicas expuestas en el capítulo anterior.

Componemos el programa de análisis de racionalidad de estos debates cruzando las categorías del plano teórico (§1) con los argumentos que hacen expresos los parlamentarios en los debates de cada proyecto de ley seleccionado. Es así como conformamos unos *niveles de justificación* en los que desentrañar los modos, sentidos e intensidades en que los parlamentarios son sensibles –en el proceso de gestación de la norma– a la interpretación teórica propuesta.

En este proceso, debemos aislar un material concreto muy preciso (debates de proyectos de ley) que, contextualizado en el horizonte global teórico expuesto, pueda conformarse como fuente de conocimiento, como piedra fosilizada repleta de información por interpretar, como corte transversal del que deducir niveles de sedimentación atestados de datos por descodificar (o por recodificar en otra clave). Porque los argumentos parlamentarios no solo deben ser considerados como apelaciones o enmiendas incorporadas (o no) al texto fi-

39. Analizar la ley como producto final es lo que pretende el modelo general de análisis de racionalidad de Atienza (1997, 27 y ss). En cierto modo, nos basamos en ese esquema en tanto que sus categorías de análisis habilitan cierta atención por las influencias externas, deducibles del texto final de las leyes, donde se recogen en buena medida las complejidades socio-económicas y jurídicas. Tomamos este modelo de análisis, por tanto, como un método contrastado para señalar niveles de racionalidad que conectan, en su caso, el texto legal con la complejidad externa en la que se incrusta y donde pretende operar.

40. Tal y como apunta Oliver-Lalana (2008, 534): "nuestros representantes –idealmente al menos– sopesan y discuten en el parlamento las razones por las cuales legislan. Sus deliberaciones deberían proporcionar entonces una justificación pública de las normas que aprueban, de modo que los ciudadanos pudiesen valorar la racionalidad y legitimidad de su actuación". Procuramos, así, enmendar en parte el desajuste que denuncia Zapatero (2009, 15 y 16): "curiosamente, aunque el positivismo ha situado a la ley en el lugar de honor y base el derecho, los modernos positivistas han estado mucho menos interesados en la legislación que en el funcionamiento de los jueces y tribunales (…) Las razones de este enfoque, o de esta miopía, pueden encontrarse en diversos factores como la concepción voluntarista del derecho, el ideal de la pureza de la ciencia del derecho o el mito del legislador racional, omnisciente y omnipotente cuyos productos no tiene sentido discutir o pretender perfeccionar". Evidentemente, como reconoce Atienza (1997, 16), sería un "abuso del lenguaje" referirnos a una "ciencia de la legislación", sin embargo cabría hablar de *líneas de racionalidad* imbricadas con el entorno y, por tanto, de una cierta *técnica legislativa* o, en el caso más evolucionado, *tecnología* (Atienza, 1997, 23).

nal, sino que deben estudiarse como discusiones que contienen las complejidades del proceso completo de gestación del texto legal (informes técnicos, presiones mediáticas, discusiones al interior de los partidos, etc.). Así, esta gestación de la norma cristaliza, en último término, en los diarios de sesiones. Estos documentos son nuestro objeto de estudio final; el corte transversal que trazamos en un proceso mucho más complejo y cruzado; el elemento aislado del que deducir todo un proceso genealógico de la ley o, mejor, de las fases por las que ha discurrido la labor del parlamentario y que han constreñido sus discursos y decisiones. De esta manera, proponemos, en concreto, el análisis de los debates finales de los proyectos de ley a través de cinco *niveles de justificación* de la norma, niveles mediante los que podremos apuntar características de la *racionalidad parlamentaria* que incorpora la ley a partir de su discusión previa[41]:

(1) Conceptuación socio-económica

Tras contextualizar algunos de los conceptos fundamentales implicados en el cambio de paradigma económico (§1.1), tratamos en este *nivel de justificación* de identificar el manejo que los parlamentarios hacen de los mismos. En función de la precisión con que los profesionales políticos manejan estos conceptos, es decir, en función de la delimitación de los presupuestos comunicativos básicos de un debate que pretende ofrecer alternativas sobre la complejidad exterior, puede ponerse en práctica una racionalidad más cimentada y sólida.

En cierto modo, a partir de la exposición de estos conceptos, podemos calibrar si el parlamentario construye su discurso (y lo cruza con otros) como mero procesador de un valor simbólico, plano, sin relieve –y que viene establecido en otras fuentes discursivas– o si realmente el parlamentario justifica sus medidas, sus ratios, estirando la lógica que se apunta ya en esos conceptos básicos de la sociedad del conocimiento, de la tecnología y de la innovación.

(2) Función y alcance jurídicos

Una de las cuestiones más importantes en la implementación de normativas es el grado de conocimiento que demuestran los legisladores sobre las funcio-

41. Porque –y aunque nosotros no operemos con pureza en la comunicación jurídica, económica o política, sino en su intersticio– como apunta Luhmann (2005, 78), "se necesitan «razones» para poder tratar selectivamente la multitud de conexiones internas posibles y para verificar su consistencia o inconsistencia. Por lo tanto, todo procesamiento de expectativas siempre va acompañado de una observación supervisora a través de la cual la forma en la que se observa el mundo resulta asimismo observada. Esto es, la forma en la que se comunica correcta o incorrectamente dentro del sistema es a su vez objeto de comunicación". Nuestro estudio, por tanto, pertenece a este segundo tipo de comunicación.

nes y alcance formal del producto legal que están desarrollando. En la cuestión que nos ocupa, este punto redobla su importancia, ya que, como mostrábamos en la *figura 2*, el papel del derecho como sistema ordenador del fomento económico y dinamizador del ciclo productivo ha variado sensiblemente sus funciones en la nueva economía. En la preocupación por esa renovación funcional podremos calibrar si los parlamentarios, en sus argumentos sobre las normas en gestación, incorporan justificaciones que hagan del texto legal resultante un elemento apto para estos nuevos retos funcionales, además de filtrar los argumentos que proyecten el alcance competencial formal de la nueva normación. En este sentido quedan implicadas cuestiones sobre la *eficiencia* de la norma en la medida en que pueda duplicar funciones asumibles de modo más económico por otra canalización jurídica.[42]

(3) Agente jurídico específico

En este *nivel de justificación* tratamos una variante concreta surgida del punto anterior. Y es que las leyes seleccionadas en este trabajo coinciden, formalmente, en una misma consecuencia práctica, administrativa o de ejecución: todas ellas crean, promueven o facilitan la existencia de organismos, agencias u otros entes con personalidad jurídica propia en donde, con posterioridad a su habilitación en el Parlamento, se procesarán decisiones conforme a razones propias y autónomas[43].

Se produce una traslación de responsabilidad normativa a otros centros que procesan conforme a una *razón subcontratada*. Estas habilitaciones que proponen las leyes surgen de la necesidad de derivar y agilizar la gestión de la nueva economía, de tal modo que es importante el tratamiento que los parlamentarios hagan de esta especificidad tan central en el proceso de normación. Es importante calibrar el encaje teórico que los parlamentarios realizan de estos organismos tanto en el plano socio-económico como jurídico.

---

42. "La idea de gobernar mejor con menores costes es hoy en día una exigencia de los ciudadanos de cualquier país si es verdad, como creemos, que la eficiencia es una condición necesaria, aunque insuficiente, para alcanzar el ideal de la justicia. Y en este campo, la aplicación del análisis económico al derecho no puede sino ser bienvenido" (Zapatero, 2009, 34). Sin ir más lejos, durante la elaboración de este estudio, el Presidente del Gobierno de La Rioja anuncia, entre otras medidas, la eliminación del Servicio Riojano de Empleo por cuestiones de eficiencia.

43. "Independent regulatory agencies are a modern form of market regulation. While they were invented in the United States in the nineteenth century to protect administrative decision-making from partisan politics (Shapiro 1988), they have now spread all over the Western world with the task of regulating the public utilities" (Gehring, 2004, 677).

(4) Comparación de modelos jurídicos

El derecho comparado es uno de los apoyos fundamentales con los que cuenta el legislador en la gestación de la norma[44]. Atender a otras experiencias normativas proporciona informaciones de gran valor acerca de la eficacia y eficiencia de la norma. Más aún esto es así en el ámbito de la nueva economía, ya que la premura con la que deben implementarse nuevos órdenes hace esencial una labor comparativa con la que contrastar la pertinencia de una determinada ley o dispositivo jurídico. Sin embargo, esta técnica acarrea un riesgo, aún más marcado por esta premura que caracteriza el ámbito de nuestro estudio: la urgencia por generar *orden económico* implica en ocasiones la implementación de normaciones a troquel, copiadas de modo mecánico y sin siquiera contrastar su encaje en la realidad sobre la que pretende aplicarse. La capacidad de los parlamentarios por argumentar sobre la pertinencia de determinados modelos normativos ya probados en otros tiempos y lugares da cuenta de la calidad de una norma por la información previa que la avala.

(5) Impacto en personas

Mediante este *nivel de justificación* pretendemos localizar los argumentos en los que los parlamentarios tengan expresamente en consideración personas o colectivos que, de modo directo o indirecto, resulten afectadas por la normación en curso; personas o colectivos implicados en el objeto mismo de la ley o que sean sensibles a la misma de modo tangencial o accidental.

Como es lógico, una ley debe marcar su capacidad de afección de modo limitado y realista, señalando los resortes y agentes sobre los que puede influir, sin necesidad de proyectar tratados humanistas en su texto; sin embargo, el debate de la ley debe prever el impacto lógico derivado de la aplicación de la normativa más allá de los resortes o agentes que activa, localizando, en último término, personas que, previsiblemente, de modo directo o indirecto, se vean afectadas por la nueva ordenación[45]. Relacionamos este *nivel de justificación* con

44. Cfr. Zweigert y Kötz (2002) para dar cuenta de las funciones, objetivos y métodos básicos del derecho comparado; más referido al derecho comparado público, cfr. Altava Lavall (2003).

45. En este *nivel de justificación* está implicada la diferenciación eficacia/efectividad de la norma: "Una norma es eficaz cuando es obedecida (...) La eficacia de la norma tiene que ver con la actitud positiva o negativa que ante la misma adopten los ciudadanos. La efectividad de la norma depende, por su parte, de que quien haya tomado la decisión normativa haya establecido correctamente la relación causal entre el resultado que se persigue y la conducta que se demanda a los ciudadanos" (Zapatero, 2009, 33 y 34). De este modo, aunque una norma sea eficaz, en el ámbito que nos ocupa solo será efectiva si tiene en cuenta este impacto final sobre las personas y cuya calibración, por tanto, es pertinente durante la gestación de la norma.

aquello que Atienza (1997, 39) llama la *racionalidad ética*[46], teniendo en cuenta un sentido básico de la ética, fundamentado en el respeto por la integridad del cuerpo ajeno y, por tanto, fundamentado en la previsión del daño que los actos propios pueden causar en cualquier persona. El derecho puede calibrar este alcance sin abandonar su ámbito comunicativo, codificando ese *daño colateral* en clave jurídica[47].

2.2. Análisis del debate parlamentario

Interpretamos a continuación, en clave del modelo de análisis propuesto, los debates de los proyectos de ley de las tres normas referidas anteriormente (Ley de creación de la ADER, Ley de creación del SRE y Ley de la Ciencia, la Tecnología y la Innovación). La periodicidad de aprobación de estas leyes (1997, 2003 y 2009) nos proporciona, además, una horquilla significativa del desarrollo normativo que, en el Parlamento riojano, se ha realizado sobre cuestiones relativas a la nueva economía. Debido, además, a la transversalidad de estas cuestiones, analizamos conjuntamente los tres debates, hilvanando así los argumentos racionales comunes que les puedan atravesar a la luz del marco socio-económico y jurídico del que partimos.

De este modo, conectamos las argumentaciones concretas de los parlamentarios a los cinco *niveles de justificación*. Estamos, así, en situación de afrontar las razones precisas que, en boca de los parlamentarios, cimientan la normación de la sociedad del conocimiento, de la información y de la tecnología en esta Comunidad. Podemos señalar, de este modo, la acción parlamentaria real y, si acaso, apuntar el margen de maniobra que sería deseable de cara a perfeccionar la elaboración de futuras leyes[48].

46. En cualquier caso, esta *racionalidad ética* de Atienza (1997, 39) se distingue de la *racionalidad teleológica* o *instrumental* que hemos tomado como referencia y, por lo tanto, está presente en este estudio solo de un modo tangencial.

47. Si el derecho resbalase por la pendiente ética, perdería su autorreferencialidad y, por tanto, la posibilidad de generar resultados válidos: "todo sistema autopoiético diferencia sus propias operaciones con la ayuda de sus propias distinciones. Por tanto, si quiere preservar esta diferenciación, tiene que evitar distinguirse a sí mismo de la mano de otras distinciones" (Luhmann, 2005, 79).

48. No se ha tenido en cuenta para este análisis el grupo parlamentario al que pertenecían los intervinientes. Si en sus discursos traslucen ascendencias partidistas o ideológicas, a efectos de nuestro estudio quedan codificadas –veladas– en sus argumentaciones y, por tanto, en las líneas de racionalidad que les cruzan.

2.2.1. *¿Cómo usan los parlamentarios los conceptos socio-económicos?*

En el *nivel de justificación 1* (conceptuación socio-económica) detectamos en los debates parlamentarios analizados una práctica habitual que pretende dotar de cierto halo incuestionable a algunos de los conceptos emergentes de la nueva economía. En varias ocasiones, en estos debates, los parlamentarios estiran el mero valor simbólico en el que medran socialmente estos conceptos expuestos en §1.1. Se trata de un uso repetido en los tres debates analizados, caracterizado por una remisión plana a conceptos altamente complejos. El tratamiento parlamentario de estos conceptos no puede ser, por razones obvias, un tratamiento académico, prolijo, en clave de lenguaje demasiado especializado, sin embargo, a nuestro juicio, no procede tampoco un tratamiento que pacifique la complejidad de estos conceptos, inhabilitando la posibilidad de centrar y contextualizar los significados.

Así, por ejemplo, en el debate sobre el proyecto de Ley de creación de la ADER, al hablar de *competencia* en el nuevo ciclo productivo, el parlamentario marca una suerte de principio natural, *universal*, que, sin debate, debe asumirse, sin tener en cuenta los motivos que, en la nueva economía, hacen de la competitividad un elemento necesario en ocasiones, pero no siempre[49]:

> *Señorías, el mundo de la empresa –como ustedes conocen– se actualiza cada vez con más celeridad, dentro de la nueva exigencia empresarial que hoy denominamos concepto universal de la competencia. (Ruiz-Alejos Herrero, DS nº 51, 18 de septiembre de 1997, p. 1932)*

Este pasaje obvia cualquier contemporización del concepto *competitividad*, de tal modo que la norma no asume sus complejidades: es evidente que la competitividad entre sujetos productores incentiva determinados procesos económicos. Lo que el debate –y el texto legal posterior– no incorporan es que la competitividad indiscriminada dificulta otras líneas de desarrollo económico basadas en la puesta en común, en el *sharing* y, por tanto, en la disposición colectiva de instrumentos y tecnologías más allá de la ganancia cortoplacista hacia la que tiende el sujeto productor desprovisto de *razón parlamentaria*[50].

Una lógica similar recorre otras intervenciones en las que queda referido este valor simbólico de conceptos como el de *crecimiento económico*. Se trata de un

49. Cfr. Ramaswamy y Gouillart (2010) y Goddard y Mannion (1998) sobre el grado de pertinencia de colaboración previa a la competitividad.

50. La *razón parlamentaria* debe ser consciente, por tanto de que "la importancia otorgada a los mecanismos propios del mercado político está favoreciendo la prioridad de metas asociadas a la toma de decisiones a corto plazo, cuando los grandes retos sociales tienen, en muy buena parte, una dimensión de largo alcance (miopía de la democracia)" (García Lizana y Moreno Jiménez, 2008, 197).

concepto que, supuestamente, debería ligarse a la pertinencia específica de una *agencia de desarrollo económico*, pero que se introduce en el debate sin ningún matiz renovado, como si aún funcionara ligado a la economía industrial:

> *Nosotros decimos, "objetivos de la Ley: Favorecer el crecimiento económico de la región, favorecer el crecimiento y la consolidación de empleo y corregir los desequilibrios económicos intraterritoriales." Creo que son los tres objetivos genéricos y claros que la Ley debe de tener. (Virosta Garoz, DS nº 51, 18 de septiembre de 1997, p. 1925)*

Y el tratamiento plano de estos conceptos deriva, en ocasiones, en contextualizaciones desorientadas, incapaces de desvincular la nueva economía de los sectores productivos hegemónicos de otras épocas. La nueva economía, como veíamos en §1.1, aun implicando sectores productivos clásicos, imprime su hegemonía frente a estos mediante un nuevo ritmo y sentido del ciclo productivo; y esto, que es lo característico, es obviado:

> *entendemos –entendemos nosotros, y creo que la mayoría del pueblo riojano también– que la economía de La Rioja gira alrededor de la industria y de la agricultura. Por tanto son dos sectores que están perfectísimamente bien representados en la Agencia. (Ruiz-Alejos Herrero, DS nº 51, 18 de septiembre de 1997, p.1948)*

En el mismo sentido, y referido a su clasificación funcional de gobierno:

> *yo creo que por razones de eficacia simplemente, no hay ninguna filosofía política en ello, simplemente por razones de eficacia la responsabilidad debería de haber recaído sobre el departamento que lleve la responsabilidad de Industria. (Virosta Garoz, DS nº 51, 18 de septiembre de 1997, p.1925)*
>
> *Creemos que por las mismas razones y argumentos que hemos explicado, por proximidad al problema, por proximidad al tejido empresarial, industrial de esta región, debe ser el responsable de Industria quien presida ese Consejo de Administración. (Virosta Garoz, DS nº 51, 18 de septiembre de 1997, p.1926-1927)*

Del mismo modo, en el debate del proyecto de Ley de creación del SRE, expresamente se pretende dejar fuera de *lo discutible* el objetivo del *pleno empleo*, sin prestar atención a todas las aristas que el mismo concepto *empleo*, como veíamos en §1.1, entraña en un ciclo productivo postindustrial. Se arrastra, por tanto, un concepto típicamente industrial (el pleno empleo) a un tejido de relaciones laborales en donde el empleo se construye en torno a dinámicas novedosas que, desde una perspectiva clásica, implican altas dosis de inestabilidad y *plenitud relativa*; como indicábamos en §1, el nuevo ciclo productivo se caracteriza por sus intermitencias, volatilidad, flexibilidad y movilidad de la fuerza laboral, de tal modo que la expresión *pleno empleo* solo conserva el sentido que pretenden imprimirle los parlamentarios en el contexto de la economía industrial:

> *¿por qué en una cuestión tan sensible, en una cuestión en la que hay que ser extremadamente generosos para ir de la mano y para que podamos conseguir todos ese objetivo que todos compartimos, que es ni más ni menos que el pleno empleo en esta Comunidad Autónoma, algo que no está puesto en cuestión, poner en peligro ese consenso con una enmienda buscando no sé qué alteración y no sé qué equilibrios ni en beneficio de quién, es ciertamente incomprensible? (Escobar las Heras, DS nº 65, 26 de febrero de 2003, p. 2974)*
>
> *para que podamos conseguir todos ese objetivo que todos compartimos, que es ni más ni menos que el pleno empleo en esta Comunidad Autónoma, algo que no está puesto en cuestión (Escobar las Heras, DS nº 65, 26 de febrero de 2003, p. 2974)*

Y en la misma línea:

> *el empleo pues debe ser un empleo estable, debe ir también hacia los objetivos del pleno empleo, objetivos y principios de actuación en el que creo que coincidimos todos los Grupos Parlamentarios, aunque es difícil encontrar puntos de conexión a estas alturas ¿no? (Rubio Medrano, DS nº 65, 26 de febrero de 2003, p. 2972)*

Asimismo, se da por buena una identidad hoy en día tremendamente frágil y cuestionable entre empleo y política social; como se desprende de la *figura 2* del capítulo anterior, cada vez se constatan más desajustes entre el equilibrio social y la estabilidad del sujeto en el ciclo productivo, por lo que resulta innegociable para el *poder público* –desde unos criterios básicos de *ratio colectiva*– garantizar políticas sociales al margen de la situación empleado/desempleado del sujeto.

> *la certeza de que la mejor política social –no nos cabe ninguna duda– es la creación de empleo (Escobar las Heras, DS nº 65, 26 de febrero de 2003, p. 2973)*

Aún más se agudiza esta tendencia hacia el estatismo de estos conceptos dinámicos durante el debate del proyecto de Ley de la Ciencia, la Tecnología y la Innovación. Traslucen objetivos, deseos o peticiones que parecen referir evidencias frente a las que nadie podría oponerse:

> *desarrollo económico de esta región (...) es lo que quiere y busca el Gobierno de La Rioja (Erro Urrutia, DS nº 37, 18 de junio de 2009, p. 1563)*
>
> *Queremos competitividad, queremos que el tejido empresarial, que el tejido productivo, que la economía riojana sea competitiva (Erro Urrutia, DS nº 37, 18 de junio de 2009, p. 1564)*

Expresamente, incluso, se rescata la valía de ese caldo de cultivo simbólico en el que se gestan los conceptos en juego, como si ese caldo de cultivo simbólico fuera *razón suficiente*:

> *Lo que queremos es incorporar algo que está en el discurso de todos (Erro Urrutia, DS nº 37, 18 de junio de 2009, p. 1563)*

Y, de nuevo, la insuficiente contextualización informada de estos conceptos conduce a posicionamientos desorientados, fundamentados en vagas ideas sobre lo que es o representa la investigación:

> *Hay que tener en cuenta que la investigación parte básicamente de sanidad, de obras, de biología, y de eso aquí no conocemos absolutamente nada. Aquí poco puede salir exclusivamente de ingeniería y de algunas otras materias, pero muy limitadas. (Toledo Sobrón, DS nº 37, 18 de junio de 2009, p. 1557)*

Es obvio que una contextualización tal de la investigación resulta insuficiente y fundada en cierto imaginario popular poco contrastado que localiza *investigación* solo en esos campos donde ésta puede espectacularizarse y alcanzar las portadas de los periódicos (descubrimientos médicos o grandes obras de ingeniería), velando, de este modo, los caminos de la investigación que transitan profesionales de muy diversos ámbitos y cuya rentabilidad no es tan inmediatamente proyectada al gran público.

Evidentemente, este uso simbólico que obvia los relieves y complejidades de la conceptuación es puesto en cuarentena por algunos intervinientes. Así, por ejemplo, se pone de manifiesto en algún discurso parlamentario que el uso de los conceptos de *innovación*, *desarrollo* y *tecnología* degenera en una suerte de inercia desmotivada:

> *Usted (...) ha empezado con muchas ínfulas (...) ha ido bajando el pistón y a la mitad de la ley ha dicho: hasta mañana, si Dios quiere, innovación, desarrollo y tecnología. ¡Y es así de triste, pero esa es la realidad! (Crespo Pérez, DS nº 37, 18 de junio de 2009, p. 1561)*

O, en un sentido general:

> *Palabras, palabras, palabras, objetivos, ideas, pero cuando se baja a la realidad poco, poco y vacío. (Toledo Sobrón, DS nº 37, 18 de junio de 2009, p. 1556)*
>
> *que no se creyesen sus propios eslóganes vacíos de contenido (Rodríguez Peña, DS nº 37, 18 de junio de 2009,p. 1559)*

Sobre esta inconformidad acerca del tratamiento conceptual emergen, en ocasiones, discursos más minuciosos que ponen en juego complejidades al margen del valor simbólico de los conceptos. De este modo, por ejemplo, recogemos alguna apreciación a determinados usos demasiado vagos de los conceptos:

> *lógicamente la Agencia va más allá de lo que es meramente el departamento de Industria. (Ruiz-Alejos Herrero, DS nº 51, 18 de septiembre de 1997, p. 1933)*

Igualmente, podemos rescatar pasajes que proponen para el debate algunas cuestiones centrales de la nueva economía. En estos casos, se eleva la calidad conceptual del debate, de tal suerte que lo discutido pueda traslucir en precisiones que mejoren el texto final de la ley. Así, por ejemplo, en el pasaje siguiente se pone de relieve la complejidad que implica la adaptación de la tecnología a la empresa, uno de los desajustes fundamentales del nuevo modelo productivo; desajustes que hacen tomar con escepticismo esos conceptos absolutos antes mencionados (*pleno empleo*, *competencia*, etc.), conceptos que deben modularse hasta adaptarse a la realidad del tejido empresarial.

> *nos parece que no solamente hay que fomentar nuevas tecnologías, porque siempre se habla de fomentar; pero luego hay una labor de adaptación de las empresas, de esta tecnología a las empresas, que entra dentro de otro campo que tampoco está contemplado en este caso por el texto de la Ley. (Valle de Juan, DS nº 51, 18 de septiembre de 1997, p. 1936)*

Resultan igualmente interesantes las apreciaciones que introducen en el debate relaciones entre conceptos que, aun con las trabas inevitables de la diatriba política, esbozan parte de la complejidad del nuevo ciclo productivo; vinculan los parlamentarios, por ejemplo, la competitividad a la innovación y, en último término, a *lo social*, introduciendo relaciones entre factores que dan cuenta de la complejidad sobrevenida:

> *Esta ley permite que se adapte a un escenario más competitivo la situación de desarrollo económico que tenemos en esta región; convierte la innovación en clave para la competitividad (...) Es el momento de ese cambio y lo estamos configurando con esta ley. (Erro Urrutia, DS nº 37, 18 de junio de 2009, p. 1564)*
>
> *esta norma jurídica supone una visión integral y una planificación estratégica para intentar dar soluciones a los nuevos retos económicos y sociales que se nos plantean. (...) el motor más capaz de propiciar un entorno favorable que mejore nuestra competitividad generando riqueza y bienestar social, y como el instrumento más decisivo y fundamental, que nos permitirá salir de la crisis más fortalecidos. (...) un marco normativo orientado hacia un nuevo modelo de desarrollo económico y social. (Crespo Pérez, DS nº 37, 18 de junio de 2009, p. 1560)*
>
> *ponemos este instrumento, para configurar un sistema que es la base del desarrollo en cualquier programa de desarrollo económico. (Erro Urrutia, DS nº 37, 18 de junio de 2009, p. 1565)*

Más aún, podemos recoger pasajes en los que, abiertamente, se ofrecen alternativas de significado para esos *conceptos indiscutibles*, de tal modo que la consideración por esas alternativas haría de la ley final un producto mucho más consciente de lo que representa y de la labor que desarrolla en el ciclo productivo:

> *Es decir, la visión más humanista, más acorde a lo que ha significado la ciencia, a lo que ha significado el desarrollo del ser humano desde que tiene conciencia de ser un ser humano: ¡nada! Una visión menos económica de la ciencia, de la tecnología o de la innovación: ¡nada! Una búsqueda de resultados que no supedite la búsqueda del conocimiento por el conocimiento, es decir, que se pueda investigar por investigar, sin buscar un resultado técnico o tecnológico concreto: ¡nada! (Rodríguez Peña, DS nº 37, 18 de junio de 2009, p. 1559)*

En conclusión, podemos afirmar que los parlamentarios alternan pasajes de conceptuaciones simples, sin apenas problematización de significados, con intentos por refinar los presupuestos conceptuales que sirven de base a sus propuestas de ordenación.

2.2.2. *¿Cómo consideran los parlamentarios la función y alcance jurídicos de la norma?*

En el *nivel de justificación 2 (función y alcance jurídicos)*, debemos calibrar hasta qué punto y en qué sentido está presente en el debate parlamentario la preocupación por la función renovada del derecho en el ciclo productivo de la nueva economía. En este sentido, los parlamentarios tienen muy presente en sus discusiones la necesidad de precisar el papel de *lo público*, canalizado, como veremos en el siguiente epígrafe, en agencias y organismos autónomos. Como veíamos en la *figura 2*, la labor del Estado en el novedoso y complejo entramado del ciclo productivo cambia sus conexiones, de tal modo que se deben implementar renovaciones que hagan del aparataje estatal un elemento útil. En lo relativo a la Ley de creación de la ADER, esta necesidad queda recogida en varios pasajes que reclaman la re-situación de *lo público*, esta vez en clave de *política del Gobierno*:

> *O sea, se trata sencilla y llanamente de situar la política del Gobierno en materia de promoción económica a la altura de las necesidades reales de sus clientes. (Ruiz-Alejos Herrero, DS nº 51, 18 de septiembre de 1997, p. 1932)*

Queda invocado, de modo mucho más concreto, un nuevo modelo que, para dinamizar el ciclo productivo esbozado en la *figura 1*, disponga los instrumentos necesarios que conecten la empresa con la ayuda pública:

> *este Gobierno –y esto parece importante– trata de optimizar creando, de manera inteligente a nuestro juicio, los instrumentos necesarios para que di-*

> *cho crecimiento no sólo continúe, sino que a ser posible se acreciente y consolide; aplicando el nuevo concepto, el nuevo concepto, necesario concepto, Señorías, de ayuda integral e individualizada para la empresa. (Ruiz-Alejos Herrero, DS nº 51, 18 de septiembre de 1997, p. 1932)*

De este modo, como quedó explicitado en el bloque teórico, se asume la apuesta por un nuevo entramado social cuya recursividad pasa por la invidualización de la inversión pública. La crítica más evidente que surge al paso de esta lógica es la falta de alternativas a este modelo, que no deja de ser sino la conclusión más inmediata a la necesidad de reacción del sistema público a las urgencias de mercado, sin que el derecho pueda atender al déficit democrático sobrevenido. De hecho, en los debates relativos a estas cuestiones, el fundamento sobre el que se erige este nuevo modelo es, esencialmente, el de la necesaria agilidad de la ley ante el nuevo panorama productivo:

> *Antes hablábamos, de la rapidez con que hoy cambia el mundo de la empresa y el mundo de la economía. Hay que hacer leyes que efectivamente tengan posibilidades de adaptarse con rapidez a esos cambios, si no lógicamente podríamos tener problemas. (Ruiz-Alejos Herrero, DS nº 51, 18 de septiembre de 1997, p. 1946)*
>
> *Pueden surgir muchas oportunidades, y no tenemos por qué constreñir, no tenemos por qué restringir, no tenemos por qué de alguna forma encorsetar la Ley en una serie de rigideces, que en un momento determinado, dada la velocidad que llevamos, sea necesario. Por tanto, estaríamos cometiendo en este momento un error. (Ruiz-Alejos Herrero, DS nº 51, 18 de septiembre de 1997, p. 1949)*

Esa misma *agilidad de la ley* queda invocada en el debate del proyecto de Ley de creación del SRE, esta vez vinculada a la necesidad de atender, desde la plataforma política, a los nuevos espacios de generación de empleo con la premura necesaria. De este modo, el debate parlamentario en torno a la creación del SRE se centra en la necesidad de resituar *lo político* y, por tanto, los instrumentos jurídicos esgrimibles en relación con la creación de empleo en la nueva economía:

> *Los responsables políticos lo que tenemos que hacer es asegurar que la empresa riojana siga creando empleo. (Escobar las Heras, DS nº 65, 26 de febrero de 2003, p. 2973)*

El parlamentario recoge, además, la habilitación competencial formal que asume la Comunidad Autónoma en este ámbito para dotar de agilidad a la estructura de acción en materia de políticas de empleo:

> *estamos ni más ni menos que desarrollando títulos competenciales que están previstos en nuestro Estatuto de Autonomía. (...) La Comunidad Autónoma de La Rioja está ni más ni menos que ejercitando su autogobierno con responsabilidad en la intermediación en el mercado de trabajo, en la gestión y*

control de las políticas de empleo, en la formación y orientación para el empleo. (Escobar las Heras, p. 2973)

(...) funciones (...) que culminan de forma ágil el marco competencial recogido en nuestro Estatuto (Escobar las Heras, DS nº 65, 26 de febrero de 2003, p. 2973)

Esta agilidad, que se erige en boca de los parlamentarios como el pivote en torno al que giran el resto de apreciaciones sobre la ordenación de la economía, es puesta en duda a partir del concepto clave *planificación*; un concepto que determina el desarrollo mismo del entramado jurídico:

Esta Comunidad Autónoma como poder público, y repito público, tiene competencias exclusivas en materia de desarrollo económico. Y es a este Parlamento, y no sólo a ustedes, al que le corresponde legislar y velar por la ordenación y planificación –señor Conrado, planificación– de las actividades económicas de toda la Comunidad Autónoma. (Clavero Molina, DS nº 51, 18 de septiembre de 1997, p. 1928)

De este modo, en el debate del proyecto de Ley de creación de la ADER, se pone en juego el concepto fundamental de *planificación* vinculado abiertamente a las competencias autonómicas relativas al *desarrollo económico* (§1.2). En cierto modo, este pasaje del diario de sesiones nos introduce en la complejidad relativa a las funciones esenciales del derecho –sustanciadas en competencias concretas– en el contexto de la urgencia económica y, por tanto, en el contexto de la variación de agentes socio-económicos implicados[51]. Se propone, por tanto, el debate mismo de la *racionalidad social*, en la medida en que se anuncia la desconfianza hacia la creación de un órgano (la Agencia de Desarrollo Económico de La Rioja) capaz de generar una *razón autónoma* al margen del perímetro habilitado para la conformación de la *razón colectiva* a través de sus representantes (*razón parlamentaria*). De esta lógica se deriva un discurso completo que encajaría estas funciones ordenadoras (de *planificación*) en el entramado administrativo público, sin derivaciones en agencias:

no es necesario crear la Agencia de Desarrollo Económico; porque entendemos que es la Consejería de Hacienda y Promoción Económica la que debe de asumir tal responsabilidad por estar directamente relacionada con la gestión del Gobierno de la Comunidad, porque tiene funcionarios y departamento para ello, y es la que tiene la obligación de ejercer esas funciones que son la de gestionar públicamente el desarrollo económico de esta Comunidad Autónoma y presentar en

51. El derecho, en el nuevo ciclo productivo, apuesta constantemente por la *viabilidad* de ciertos negocios, de ciertas empresas, y la inviabilidad de otros, de tal modo que los principios básicos de igualdad y seguridad jurídicas mantienen un difícil equilibrio zarandeado en dispares actos administrativos.

este Parlamento la ordenación, planificación y seguimiento de la misma. (...) el Proyecto de Ley responde clara y llanamente a crear un chiringuito ajeno al control de esta Cámara, que va a manejar dinero público, que escapa a su vez al control de esta Cámara, y que va a estar gestionado por aquellos que el Gobierno de la Comunidad estime oportuno, sin que esta Cámara pueda intervenir en lo más mínimo al estilo de Juan Palomo, "yo me lo guiso y yo me lo como". (Clavero Molina, DS nº 51, 18 de septiembre de 1997, p. 1928)

Concretamos que la Agencia de Desarrollo Económico de La Rioja esté adscrita a la Consejería de Hacienda y Promoción Económica, y nada más y punto. Sujeta a Derecho público por lo dispuesto en la Ley General Presupuestaria y en la Ley de Contratos de la Administración Pública, y las demás normas administrativas que le sean de aplicación. Que el promover el crecimiento económico de la región y el incremento de empleo sea en nombre y por cuenta de la Comunidad Autónoma de La Rioja y sin ánimo de lucro. Suprimimos que la Agencia realice y contrate estudios y asesoramiento sobre la promoción económica de La Rioja, porque entendemos que la Administración ya tiene funcionarios y departamentos para ello. Concretamos el destino de las subvenciones de los proyectos, y suprimimos el conceder subvenciones de capital y corrientes. Como también que la potestad para otorgar subvenciones sean con arreglo a lo dispuesto en la Ley 30/92, Y no en base a decisiones interesadas o partidistas, con el agravante de no necesitar estar justificadas. (Clavero Molina, DS nº 51, 18 de septiembre de 1997, p. 1929)

Esta opinión queda reforzada en el siguiente pasaje que, además, introduce la idea de que la potestad reglamentaria de la Agencia habilita un horizonte inagotable de regulación al margen de la *razón parlamentaria*:

están creando un órgano que efectivamente se escapa del control parlamentario y que supone una huida hacia delante (...) no han querido entrar en el fondo de algunas cuestiones que se debaten en las enmiendas, pero que no han sabido resolver y que las trasladan al desarrollo reglamentario. (Rubio Medrano, DS nº 51, 18 de septiembre de 1997, p. 1930)

Más aún, se introduce en el debate la posibilidad de que este desarrollo reglamentario, esta delegación competencial en *cuerpos extraños* a la administración clásica, genere una suerte de duplicidad funcional:

ustedes que siempre se les llena la boca diciendo eso de la duplicidad de funciones, y la de la Administración única, aquí no sólo vamos a hacer una Administración única a su estilo, sino que ahora también estamos desdoblando. Esto es como la desarmonización, o como la falta de armonización (Valle de Juan, DS nº 51, 18 de septiembre de 1997, p. 1944)

No cabe duda de que estas apreciaciones añaden calidad al debate parlamentario. Así, al margen de la agilidad de la ley como argumento central, finalmente se añaden otros argumentos en defensa de este modelo de gestión, argumentos que fundamentan con más seguridad el texto final de la Ley:

> *la Agencia sólo es competente en promoción económica. No vamos a gestionar las empresas desde la Agencia. Tenemos distinto criterio. Las empresas deben gestionarse desde otros foros.(...) debe de quedar claro que la política de promoción económica es competencia exclusiva del Gobierno. Yo creo que esto debe de quedar claro. Es evidente que la política la debe marcar el Gobierno. (Ruiz-Alejos Herreros, DS nº 51, 18 de septiembre de 1997, p. 1946)*

De este modo, en la discusión parlamentaria se presenta la Ley como un modo de intermediar en el nuevo ciclo productivo respetando las delimitaciones jurídicas vigentes y, sin duplicar funciones, delegando la *promoción económica* (no la *política de promoción económica*) en una agencia anexa.

En el caso del debate sobre el proyecto de Ley de creación del SRE, la vinculación del organismo autónomo con la *razón colectiva* no se hipoteca, como en el debate sobre la creación de la ADER, a la conservación de la política económica en manos gubernamentales, sino que, insistentemente, se remite al consenso previo alcanzado entre los diversos agentes sociales. Resulta muy interesante comprobar cómo, en boca de los parlamentarios, la legitimidad social de las acciones del SRE quedan justificadas porque en la negociación de la Ley de creación (previa al debate parlamentario) intervinieron sindicatos y empresarios. Lo relevante de esta cuestión es que, lejos de resultar controvertido este proceso de gestación, se convierte en un sólido aval del texto legal final:

> *igualmente relevante el papel y la vocación de consenso en la que se asienta este Servicio Riojano de Empleo; esta vocación de consenso que se enmarca en un compromiso públicamente adquirido, y contraído por las organizaciones sociales y económicas en el marco del Acuerdo Social del 14 de septiembre de 2001. (...) partiendo de la titularidad pública del servicio que nos ocupa, del organismo que nos ocupa, se incorporan a los agentes sociales a lo que son las decisiones en política de empleo en esta Comunidad Autónoma (Escobar las Heras, DS nº 65, 26 de febrero de 2003, p. 2973 y 2974)*

La razón promulgada por la negociación de los *agentes sociales*, de este modo, parece preponderar ante la *razón parlamentaria*, que acepta aquella por principio[52]:

> *este Parlamento debe respetar la voluntad compartida de los agentes sociales y económicos (Escobar las Heras, DS nº 65, 26 de febrero de 2003, p. 2974)*

52. Se trata de una suerte de *legislación concertada*: "formas de legislación «pactada» o «concertada» entre el parlamento y los grupos portadores de intereses económicos, corporaciones profesionales, asociaciones patronales y sindicales, etc." (Marcilla, 2005, 251).

> *Satisfacción también por la presencia en este hemiciclo del responsable de Comisiones Obreras, y desde luego también de los responsables de UGT a través del Partido amigo. ¡Seguro! A través del Partido amigo, puesto que yo creo que han intentado trasladar a este hemiciclo un debate que su sindicato cerró perfectamente en las negociaciones, que en la mesa de este Consejero, se han desarrollado durante un montón de meses (...) la mejor defensa que puede hacerse de este Proyecto es, yo creo, leer algunos párrafos de ese Informe del Consejo Económico y Social, que dice... Dice: "El contenido de este anteproyecto es consecuencia del Acuerdo Social y Económico de La Rioja." (Muñoz Ortega, DS nº 65, 26 de febrero de 2003, p. 2978)*

Y no solo infunde legitimidad este proceso de gestación de la norma, sino que también, dice el parlamentario, garantiza la eficacia de la misma:

> *Pero yo creo que –no son mis palabras– dice: "Se ha de significar de manera clara y manifiesta que el valor añadido de este Anteproyecto de Ley proviene de ser fruto del diálogo sostenido entre organizaciones sociales, económicas y el Gobierno de La Rioja. Son muchos los ejemplos de reformas en el ámbito de las políticas sociolaborales donde la eficacia de las mismas ha estado en relación directa con el proceso de negociación que se estableció con anterioridad a la elaboración de la norma." ¡Y este es un caso! Y creo que no lo dice el Gobierno, lo dice quienes con el Gobierno han llegado a consensuar esta norma. (Muñoz Ortega, DS nº 65, 26 de febrero de 2003, p. 2978)*

En este punto, podemos señalar una carencia importante en el debate –conectada a las carencias señaladas en el análisis de la conceptuación socio-económica– que consiste en la asunción, por parte de los parlamentarios, de que en el nuevo ciclo productivo la mediación político-jurídica puede, como en el ciclo de producción industrial, remitirse a los resortes clásicos de la negociación colectiva. Confiar en estos dispositivos supone obviar buena parte de la complejidad que abocetamos en la *figura 2*, y que apunta a la individualización del trabajo en la nueva economía, a la autonomización del sujeto laboral y, por tanto, a la necesidad de que *lo público* asuma que la representación en materia laboral no se agota en las formaciones sindicales y patronales.

Pero más enmarañada resulta aún la delimitación jurídica y el papel de *lo público* en lo referido a la mediación en materia de ciencia, tecnología e innovación como elementos básicos de la dinamización del ciclo productivo de la nueva economía. En el debate del proyecto de Ley de la Ciencia, la Tecnología y la Innovación, esta problemática se presenta como el objeto central de la discusión. En un sentido general, parece remitirse el *papel de la administración* al de mediación básica que ordene el progreso científico-tecnológico en aras de cierto fin social, invocando así el papel de *lo público* en la normación:

> *¿Cuál es el papel de la Administración en este tema, en investigación y desarrollo? (...) La diferencia entre unos resultados de investigación que redunden en un bienestar, que es lo que pretende la ley en sus objetivos, en un bienestar*

> *de la sociedad, es que se plasme en productos, que se plasme en riqueza, que se plasme en una mejora de la vida de los ciudadanos. (Toledo Sobrón, DS nº 37, 18 de junio de 2009, p. 1556)*

Mediación vinculada innegociablemente al dinero disponible para fomentar ese *progreso ordenado* según cierta *razón colectiva*:

> *Y aquí [la Administración] es el aceite, es el aceite, es el engrase, es el dinero, el dinero al que el Gobierno en estos momentos no se compromete; se compromete en planes posteriores, pero no se compromete en este texto legal, no reconoce derechos este texto legal. (Toledo Sobrón, DS nº 37, 18 de junio de 2009, p. 1556)*

El parlamentario pretende, por tanto, asentar la idea de que la mediación jurídica en este ámbito trasciende la labor gubernamental inmediata y se infiltra en las necesidades sistémicas de la dinamización económica, del progreso social mismo, lo que implica la conformación *participativa* de su *razón*:

> *No es una ley para el Gobierno, es una ley para el sistema, para la participación (Erro Urrutia, DS nº 37, 18 de junio de 2009, p. 1564)*

Y asentada esta idea, un primer nivel de controversia surge en el modo en que la Ley dispone las bases para esta dinamización, es decir, el modo en el que *lo jurídico* delimita el sentido y margen de acción de los sujetos en el ámbito científico-tecnológico. La controversia se sitúa en el grado de minuciosidad con que la Ley determina el marco de dicha acción[53]:

> *desde nuestro punto de vista no deja ya casi vía a la relación reglamentaria, a la discusión reglamentaria posterior. Aquí hay reglamentos posteriores porque ya nos dice hasta, en los órganos, quiénes pertenecen, cómo pertenecen, cómo se les exige, quién les sustituye. Es decir, llega a una minuciosidad desde nuestro punto de vista innecesaria. (Toledo Sobrón, DS nº 37, 18 de junio de 2009, p. 1556)*

En cierto modo, al denunciar el alto grado de minuciosidad se denuncia, en último término, la incapacidad del ámbito político-jurídico para conformar una *razón colectiva* normativa apriorística del asunto. El parlamentario aboga por delegar estas *ratios normativas* al desarrollo posterior que los sujetos implicados (centros, empresas, fundaciones, investigadores, etc.) realicen en sus propios esquemas de necesidades, limitando la normación al encaje de los resultados en los objetivos sociales o empresariales:

> *Frente a esto ¿qué tenemos? Tenemos los criterios de los países anglosajones, que van en la libertad, que van en el resultado, que van en exigir al investigador*

53. Huber y Shipan (2002) analizan bajo el concepto *micromanagement* el nivel de control preciso que el poder legislativo debe mantener sobre la actuación administrativa habilitada por el mismo.

resultados en cada momento, que van en contra de la carrera del investigador que tenemos en España. (Toledo Sobrón, DS nº 37, 18 de junio de 2009, p. 1556)

La controversia queda así marcada en el grado de autonomía que disfrutan los sujetos directamente implicados en el desarrollo científico-tecnológico e innovador. De ese grado de autonomía puede depender el éxito de sus progresos que, si se sujetan demasiado a planes normativos, pueden verse mermados:

Esta ley nace en un ámbito, con un espíritu que ya no se lleva, (...) un criterio de ver al Estado como padre de todo, de ver la innovación como parte de ese Estado, de ver absolutamente controlada cualquier iniciativa, tanto en tecnología, como en innovación como en investigación (Toledo Sobrón, DS nº 37, 18 de junio de 2009, p. 1555)

ya Alemania se está apartando de este criterio, Francia también lo está haciendo; sin embargo, nosotros seguimos dando una prioridad absoluta al criterio nacional, al criterio de Estado, al criterio de estructura, de superestructura, frente a la libertad, frente al reconocimiento y a la liberalidad. Que desde un partido liberal se siga manteniendo esta estructura estatalista absorbente nos parece un error. (Toledo Sobrón, DS nº 37, 18 de junio de 2009, p. 1556)

Estirada esta controversia, eleva el debate a un plano de abstracción en el que el Estado –la mediación jurídico-política– realiza equilibrios entre la *gobernanza* y el *control*. Para unos parlamentarios, esta Ley pretende el control:

¿Cuál es el fondo de todo el proyecto de ley? ¡El control! ¡El control! No hay otro fondo, no hay otro trasfondo: el control para hacer otras cosas; entre ellas, la promoción, colgarse medallitas. (Rodríguez Peña, DS nº 37, 18 de junio de 2009, p. 1558)

creo que es el intento de un control férreo de todo lo que se mueva en torno a la tecnología y a la innovación en nuestra comunidad autónoma. (Rodríguez Peña, DS nº 37, 18 de junio de 2009, p. 1560)

Para otros, sin embargo, se trata de gobernanza:

no distinguen entre control y gobernanza. Pues sería bueno que ustedes también entendiesen esos dos conceptos de cómo se configura y cómo se realiza. (Erro Urrutia, DS nº 37, 18 de junio de 2009, p. 1565)

En definitiva, tras un debate de calidad en torno al *papel de lo público* y la ordenación (*control* o *gobernanza*) de la potencia investigadora, la conclusión queda esbozada en el siguiente pasaje:

Esta ley (...) Habla del fomento de la detección y captación del talento investigador, de la valoración y reconocimiento de ese talento, de la actividad investigadora, de los investigadores. (Erro Urrutia, DS nº 37, 18 de junio de 2009, p. 1565)

La carencia más importante, sin embargo, entronca de nuevo con el análisis conceptual socio-económico y radica en la incapacidad del debate para delimitar el *fin social* que, sea mediante la minuciosidad de la Ley, sea mediante la libertad estratégica del investigador –mediante gobernanza o control– se pretende alcanzar. Porque en ese debate conceptual se habría podido aclarar más certeramente la necesidad de normar minuciosamente en ocasiones o habilitar espacios de libertad investigadora en otras.

Otra variante de la delimitación jurídica incumbe el debate sobre competencias, es decir, sobre las habilitaciones del marco jurídico para asumir las funciones necesarias en la normación del asunto, al margen de su fin. En este sentido, emergen cuatro niveles administrativos en los que reside cierta capacidad normativa de estos asuntos y que enredan aún más la mediación jurídica para la ordenación de la ciencia, la tecnología y la innovación; en un primer nivel, la Universidad, cuya autonomía pone en cuarentena la eficacia de una ley autonómica:

> *Desde el momento en que han reconocido la absoluta capacidad de la Universidad y el absoluto respeto a la competencia universitaria manteniéndose al margen de la misma, deja de ser ley de ciencia: puede ser ley de investigación -como dirán posteriormente-, de tecnología e innovación, pero ya del propio título de la ley nace muy limitada esta ley. (Toledo Sobrón, DS nº 37, 18 de junio de 2009, p. 1555)*

En segundo y tercer lugar, el Estado, las CCAA y sus relaciones:

> *No es pacífica la consideración de que las autonomías tienen sus competencias absolutamente independientes de las del Estado. Es necesaria una interrelación entre las competencias estatales, que tienen mucha más consistencia económica que las competencias autonómicas, que ya nacen de por sí muy limitadas cuando desde la propia Consejería –quien promueve este proyecto de ley– se nos está diciendo que esta ley no tiene contenido económico. (Toledo Sobrón, DS nº 37, 18 de junio de 2009, p. 1555)*

En cuarto lugar, la UE:

> *estamos en sintonía con ese avance europeo y, ¿por qué no decirlo?, con la captación de fondos europeos. (...) Este marco se completa con una estrategia con los planes de investigación, los planes de investigación donde figuran las memorias económicas (...) planes donde se configura un marco económico que permite el desarrollo de la ley. La ley no tiene que contemplar un presupuesto, ¡habría que estar cambiándola todos los años!, sino que son los elementos, instrumentos de desarrollo, quienes configuran esa ley. (Erro Urrutia, DS nº 37, 18 de junio de 2009, p. 1564-1565)*

Como conclusión, podemos rescatar que la dispersión de estas ideas implicadas en el objeto de la Ley (ciencia, tecnología, innovación, investigación, etc.) hacen complicada la normación incluso en el nivel formal de delimitación jurídica competencial (§1.2). Esta cuestión queda muy poco clarificada en el debate parlamentario, de modo que el texto legal corre el riesgo de arrastrar este enmarañamiento y, por tanto, la falta de eficacia que ello conllevaría.

2.2.3. *¿Cómo consideran los parlamentarios la función y forma de los agentes específicos?*

En el *nivel de justificación 3* (agente específico), debemos atender al modo en que los parlamentarios sitúan el alcance, sentido y forma de las agencias y organismos habilitados por las leyes que se discuten. Así, en el debate sobre el proyecto de Ley de creación de la ADER, los intervinientes se preocupan especialmente por la estructura y posibilidades de acción de la Agencia. Los parlamentarios proponen alternativas estructurales con el objetivo de que la Agencia mantenga ese difícil equilibrio entre lo público y lo privado, entre la conservación de la *razón parlamentaria* y la agilidad de un ente privado capaz de tomar decisiones con la premura necesaria[54].

El debate toma conciencia de encontrarse ante un instrumento novedoso que busca un equilibrio distinto entre lo público y lo privado[55]; se debate, in-

54. En el fondo, lo que está presente durante el debate es la cuestión que Lupia y McCubbins (2000, 292) proponen en clave de *¿delegación o abdicación?* Aunque aplicado a la delegación en general como el fundamento de la democracia, los desajustes que pueden sobrevenir a este tipo de delegación específica en agencias no son inmunes a las condiciones generales de representación de intereses en democracia: "Delegation is certainly problematic. In any act of delegation, the principal and agent may have conflicting interests. There is also the potential that principals lack information about what their agents are doing".

55. Este tipo de delegación está avalada por una amplia experiencia y literatura que resalta sus virtudes: se trata de combinar, disociando, agilidad y perspectiva: "This separation of regulatory functions is explained by the probable inconsistency of long-term interests and short-term preferences" (Gehring, 2004, 694). Es así como se pretenden alcanzar decisiones que contemplen *lo velado* en primera instancia: "Decisions at the former level tend to be taken under a Rawlsian 'veil of ignorance' that forces even rational utility maximizers to deliberate rather than bargain because actors decide exclusively about general rules applicable to an unknown number of future cases. Decisions at the latter level are influenced by the fact that the agency, while not enjoying any explicit margin of discrete choice, generates an interest in producing reasonable decisions because it must anticipate their subsequent appraisal by the judiciary. The appropriate separation of the two functions of rule-making and rule-application triggers a social mechanism that will, ideally, bring about Habermasian communicative action even in a setting characterized by vested interests" (Gehring, 2004, 695).

cluso, sobre los modos y canalizaciones del flujo de financiación desde el capital público a la empresa privada, que debe adquirir una relevancia fundamental:

> *se reemplaza y supera al viejo concepto de la Administración gestionadora de subvenciones, por una estructura moderna e integrada próxima a la empresa, capaz de dinamizar iniciativas empresariales en las áreas de competitividad, tecnología, formación, calidad, comercialización e internacionalización. (Ruiz-Alejos Herrero, DS nº 51, 18 de septiembre de 1997, p. 1932)*
>
> *queremos que quede claro que éste es un instrumento de gestión, que una vez aprobada la Agencia del empleo, de Desarrollo Económico –perdón–, es el único ente que puede gestionar una serie de fondos procedentes dentro de la Administración del Estado o de la Administración o de la Unión Europea. Porque si creamos una Agencia de Desarrollo, si esta Cámara aprueba una Agencia para el desarrollo económico, y esa Agencia no es el instrumento que gestiona todos los fondos, significa que no hemos hecho nada. (Valle de Juan, DS nº 51, 18 de septiembre de 1997, p. 1937)*

Se trata de un instrumento tan novedoso como relevante que debe salir de la *Cámara de representantes* para desarrollar un comportamiento autónomo, aunque desde un lugar aún impreciso que algunos parlamentarios siguen vinculando al viejo concepto de *industria*:

> *yo creo que por razones de eficacia simplemente, no hay ninguna filosofía política en ello, simplemente por razones de eficacia la responsabilidad debería de haber recaído sobre el departamento que lleve la responsabilidad de Industria. (Virosta Garoz, DS nº 51, 18 de septiembre de 1997, p. 1925)*
>
> *Creemos que por las mismas razones y argumentos que hemos explicado, por proximidad al problema, por proximidad al tejido empresarial, industrial de esta región, debe ser el responsable de Industria quien presida ese Consejo de Administración. (Virosta Garoz, DS nº 51, 18 de septiembre de 1997, p. 1926-1927)*

La creación de la ADER supone la implementación desde la *razón parlamentaria* de un instrumento que, por las características dinámicas e incluso vertiginosas del nuevo ciclo productivo, debe estar dotado de las facilidades de acción de un ente privado con capacidad de respuesta inmediata:

> *Supone también darle un carácter privatizador o fuera de la esfera pública en algunos aspectos, que es sin duda importante y necesario a lo que es la actividad de la Administración en apoyo del desarrollo económico e industrial de esta Comunidad Autónoma (Rubio Medrano, DS nº 51, 18 de septiembre de 1997, p. 1930)*

Este nuevo instrumento, como constatan varios parlamentarios, entraña riesgos[56], de modo que sería apropiada una auditoría de los mismos, una puesta en contraste de su eficacia:

> *poner en cuestión un modelo de Agencia de Desarrollo que ustedes pretenden poner en marcha –como digo–, sin haber sopesado claramente cuál va a ser el modelo y cuál va a ser la eficacia del mismo. (San Felipe Adán, DS nº 51, 18 de septiembre de 1997, p. 1941)*

En este sentido, una de las principales preocupaciones de los parlamentarios es que la Agencia no estire su autonomía hasta generar intereses vinculados a determinadas empresas privadas y más allá de la *razón pública*[57]:

> *El fin de la Agencia es ayudar a la creación de empresas, favorecer la creación y la instalación de empresas, pero no crear empresas única y exclusivamente públicas o con capital mayoritario público. Yo creo que ésa no es la función. Por lo tanto la forma de evitarlo es introducir en un artículo que diga que la Agencia no podrá ser propietaria de más del 45%, de esa manera siempre el 55% restante estará en manos de la iniciativa privada. (Virosta Garoz, DS nº 51, 18 de septiembre de 1997, p. 1925-1926)*

Otras propuestas de cara a evitar la deriva hacia el interés privado proponen limitar la autorreferencia jurídica de la Agencia[58], de tal modo que se impida la conformación futura de la ADER, de sus variantes estructurales, a partir de las propias decisiones de la ADER:

> *pretendemos establecer por Ley la composición y las funciones del Consejo de Dirección. No nos parece oportuno que la Ley diga, el Consejo de Dirección estará formado por aquellas personas que el propio Consejo de Dirección luego a través de su reglamento estipule. (Virosta Garoz, DS nº 51, 18 de septiembre de 1997, p. 1926)*

56. Sin duda que, en esta *respuesta inmediata*, deben primar criterios técnicos, expertos, sin que por ello, sin embargo, deban obviarse los riesgos generados: "the principal danger is that uninformed principals, by failing to delegate well, will transform democracy into a *tyranny of experts*" (Lupia y McCubbins, 2000, 292).

57. Corroboramos, así, el riesgo que advierte Gehring (2004, 677): "Delegation always establishes new actors that may develop and pursue their own interests, rather than those of their principals".

58. Cfr. Zapatero (2009, 159 y ss). La autorregulación del derecho habilita este tipo de agencias, que implican un límite, una *separación* reguladora: "Establishing an independent agency automatically separates regulatory functions and limits the activities of a legislature, or those of a closely controlled ministry, to some of the functions originally performed". En el nivel de abstracción luhmanniano, podemos apuntar que "el sistema puede desarrollar procesos reflexivos y, en última instancia, una autorreflexión. Puede regular su propia regulación, y, por tanto, regular jurídicamente las variaciones del Derecho" (Luhmann, 2005, 74).

Y en el mismo sentido, añadiendo el riesgo de burocratización que conllevaría la auto-habilitación instrumental:

> *que no sea la propia Agencia la que se dote asimismo de los instrumentos que ellos consideren necesarios, porque eso podría suponer a lo mejor la creación de un monstruo burocrático que lo que haría sería impedir más que facilitar. (Virosta Garoz, DS nº 51, 18 de septiembre de 1997, p. 1927)*

Se introducen en el debate otra serie de propuestas encaminadas a subsumir las actividades de la Agencia a la estructura administrativa y, en general, a toda normativa de derecho público que, en cierto modo, encauce cualquier actividad de la Agencia en la *razón pública*:

> *Concretamos que la Agencia de Desarrollo Económico de La Rioja esté adscrita a la Consejería de Hacienda y Promoción Económica, y nada más y punto. Sujeta a Derecho público por lo dispuesto en la Ley General Presupuestaria y en la Ley de Contratos de la Administración Pública, y las demás normas administrativas que le sean de aplicación. Que el promover el crecimiento económico de la región y el incremento de empleo sea en nombre y por cuenta de la Comunidad Autónoma de La Rioja y sin ánimo de lucro. Suprimimos que la Agencia realice y contrate estudios y asesoramiento sobre la promoción económica de La Rioja, porque entendemos que la Administración ya tiene funcionarios y departamentos para ello. Concretamos el destino de las subvenciones de los proyectos, y suprimimos el conceder subvenciones de capital y corrientes. Como también que la potestad para otorgar subvenciones sean con arreglo a lo dispuesto en la Ley 30/92, Y no en base a decisiones interesadas o partidistas, con el agravante de no necesitar estar justificadas. (Clavero Molina, DS nº 51, 18 de septiembre de 1997, p. 1929)*
>
> *Ésta es una Agencia que, según dice el propio texto de la Ley, va a asumir unas funciones competenciales, en este momento residenciadas en distintos departamentos de la Comunidad, esencialmente Hacienda y Agricultura, importantes en materia de fondos; es decir, en materia de subvenciones, y que por tanto tenemos un componente esencial de Derecho Administrativo a respetar en todas sus actuaciones (Valle de Juan, DS nº 51, 18 de septiembre de 1997, p. 1931)*

Otras técnicas de control propuestas atienden a la necesidad de revisión parlamentaria de los presupuestos de la Agencia[59]:

> *Es decir, verán sus Señorías que una tras otra el texto legal va produciendo lagunas. Primero en su ámbito, no queriendo decir que estamos ante una enti-*

59. La literatura sobre las formas de control de las agencias es extensa y, sin duda, ilustrativa: "Whereas earlier theories of bureaucracy claimed that administrations were hard to control (Niskanen 1971), studies using the Principal-Agent framework attempted to assess

dad pública. Después en todo lo que se refiere a personal, no queriendo decir que se tienen que someter al derecho público, y luego ya tampoco por lo visto no tenemos ni presupuestos, ni esos presupuestos vienen a la Cámara, ni tenemos ninguna contabilidad pública sobre el gasto. Ya me contarán sus Señorías qué control parlamentario... Ni control parlamentario, ni control de legalidad, ni control de eficacia. (Valle de Juan, DS nº 51, 18 de septiembre de 1997, p. 1944)

En el mismo sentido, se propone –como modo de reforzar los efectos de la normación gestada en sede parlamentaria– la posibilidad de que la Ley marque objetivos concretos para la Agencia, señalando así desde el poder legislativo –desde el debate sobre estos objetivos– una senda básica que guíe la autonomía de acción de la ADER:

> *El que la Ley diga, "objetivos de la Agencia", parece que es claro y evidente que favorece a la Ley. ¿Que luego marque esos objetivos? Parece que es claro y evidente. Podemos o no podemos estar de acuerdo con todos o con algunos de los objetivos, y ése es el debate en Ponencia que yo antes reclamaba. (Virosta Garoz, DS nº 51, 18 de septiembre de 1997, p. 1925)*

Pero uno de los puntos sobre los que más insisten los parlamentarios para inocular *razón pública* en el funcionamiento de la Agencia pasa por redefinir la conformación de su Consejo de Dirección (a través de una representación de las formaciones políticas)[60]:

> *Recogemos además en el Consejo de Dirección la presencia de cada una de las formaciones políticas con representación en la Diputación General de La Rioja, y que este Consejo de Dirección actúe como órgano de asesoramiento*

---

the actual margin of discrete choice enjoyed by an agency. Inspection of the political system in the United States revealed that Congress may, for example, closely supervise the activities of its agents (McCubbins y Schwartz 1987; Hopenhayn y Lohmann 1996), prescribe administrative procedures (McCubbins *et al.* 1987; Epstein y O'Halloran 1994), control an agency's budget and appoint its executives (Huber 2000), or adopt detailed legislation to limit discretion (Huber *et al.* 2001)" (Gehring, 2004, 678). En todo caso, continúa Gehring (2004, 694), el control no implica necesariamente restar autonomía: "In this type of institutionalized division of labour, complementary functions are fulfilled by specialized sub-systems operating according to their own rules. Tight oversight of its activities by a principal would partially or entirely deprive an agency of the autonomy required to perform its functions and undermine the regulatory system. Yet, independence from parliamentary or ministerial intervention and operational autonomy of an agency does not necessarily mean high degrees of freedom and an almost unlimited ability to adopt arbitrary decisions".

60. Tal y como señalan Lupia y McCubbins (2000, 292), el diseño institucional es una de las claves para evitar la *abdicación* de quien *delega*: "We argue that democratic principals can adapt to and overcome these problems. In particular, we derive conditions under which commonly available means of adaptation are sufficient to prevent delegation from becoming abdication. Many of these means are embedded in the design of political institutions. As a result, the design of electoral, legislative, and bureaucratic institutions can keep delegation from becoming abdication".

del Presidente y desarrolle funciones de consultas, de análisis, de política de desarrollo y de coordinación de actuaciones. (Clavero Molina, DS nº 51, 18 de septiembre de 1997, p. 1929)

O, incluso, en la medida en que la ADER se vincula al desarrollo económico y, por tanto, al tejido empresarial y laboral de la Comunidad, a través de la representación sindical y patronal en el Consejo de Dirección:

nuestras enmiendas lo que pretenden es, en primer lugar, que el Consejo Asesor como tal desaparezca. Es decir, si se quiere dar participación, que se incluya a los sindicatos y a las organizaciones empresariales en el Consejo de Dirección, que es el órgano decisorio de este modelo de Agencia de Desarrollo que ustedes plantean. ¡Y esto es lo que nosotros planteamos! Que haya tres representantes de las organizaciones sindicales, tal y como recoge la Ley Orgánica 11/95 y el Real Decreto 1/95. Que haya además otros tres representantes de las asociaciones empresariales más representativas, y tres en representación de la Administración regional. (San Felipe Adán, DS nº 51, 18 de septiembre de 1997, p. 1940)

Posibilidad contestada de inmediato, arguyendo que la *razón pública* sustanciada en la dirección de la Agencia queda filtrada por las funciones ejecutivas de gobierno y, por tanto, no deben deducirse directamente ni de las formaciones políticas conformadoras del poder legislativo, ni de la representación social derivada de las relaciones laborales:

¿por qué los sindicatos y los empresarios no están en el Consejo Directivo, o en el Consejo de Dirección, están en el Consejo Asesor? ¡Hombre! Yo creo que, dada la enorme autonomía que tiene esta Agencia, están muy bien en el Consejo Asesor. (...) Porque para estar en el Consejo Directivo, en el Consejo de Dirección, lógicamente hay que tomar decisiones de carácter ejecutivo. Y para ser Gobierno hay que presentarse a las elecciones, y además ganarlas. Y si no se es Gobierno, no se tiene carácter ejecutivo. Sólo se puede tener carácter en este caso consultivo, o de asesoramiento. (Ruiz-Alejos Herrero, DS nº 51, 18 de septiembre de 1997, p. 1945)

Sin duda que estas consideraciones sobre la composición de los órganos de dirección en relación con las representaciones políticas y sociales del cuerpo poblacional añaden calidad al debate. Sin embargo, de nuevo, debemos denunciar la tendencia de los parlamentarios a trasladar la identidad representativa del viejo ciclo productivo (sindicatos y patronal como representativos de toda la complejidad social) al inescrutable tejido de sujetos dispersos del nuevo ciclo productivo (señalamos aquí una carencia conceptual vinculada al análisis del *nivel*

61. "Existen ya muchas disposiciones para aprovechar el saber experto y evitar al mismo tiempo que una influencia descontrolada de los expertos sobre la política democráticamente legitimada produzca una auténtica colonización sobre los gobiernos y los parlamentos. Porque es

de justificación 1). Ante el riesgo de *desparlamentarización*[61], por tanto, echamos de menos alternativas argumentales que desborden el marco conceptual industrial.

Esta falta de contraste emerge de nuevo cuando, en el debate sobre la creación del SRE, el único modo que los parlamentarios proponen para controlar desde la *razón pública* al nuevo organismo autónomo pasa por vincular la composición de los órganos de gestión a la representación de los agentes sociales clásicos:

> *conseguir también que los órganos de participación y los órganos de gestión que establece el Servicio Riojano de Empleo, que han sido discutidos y debatidos con los interlocutores sociales, con las organizaciones empresariales y los sindicatos, tengan un carácter paritario (...) y conseguir que esos órganos de gestión tengan una mayor capacidad de decisión y un carácter más vinculante sobre el mismo. (Rubio Medrano, DS nº 65, 26 de febrero de 2003, p. 2972)*
>
> *Sobre el Servicio Riojano de Empleo el Grupo Socialista está de acuerdo, prácticamente en casi todo, o en todo, salvo en la representación, salvo en la condición de los órganos correspondientes en cuanto a su capacidad y en algunas cuestiones de carácter técnico sobre el pleno empleo, o sobre el empleo en general, sobre esas características. (Rubio Medrano, DS nº 65, 26 de febrero de 2003, p. 2977)*

Y, expresamente, se señala como garantía democrática (*todos*) la unidad de la diferencia sindical/patronal (o dicotomía que agota la realidad social) en relación con el SRE:

> *es bueno que ese consejo de administración tenga poder y tenga poder ejecutivo y vinculante ¿no? Hoy hablamos de esos organismos autónomos. Todos. Los empresarios y los sindicatos, señor Consejero. (Rubio Medrano, DS nº 65, 26 de febrero de 2003, p. 2977)*

La palabra clave en el debate para que el agente específico (Servicio Riojano de Empleo) encargado de gestionar las políticas de empleo en la nueva economía quede investido de la *razón pública* es el *consenso*:

> *evidentemente no estamos en descuerdo en absoluto con la creación, al margen de nuestra abstención hoy, con la creación de un Servicio Riojano de Empleo. Creemos que es necesario. Creemos que es necesario que actúen en consenso al menos quienes formen parte del mismo. (Toledo Sobrón, DS nº 65, 26 de febrero de 2003, p. 2976)*

---

cierto que, entre otros problemas, el asesoramiento político puede suponer una dependencia de los actores públicos respecto de los expertos privados, puede «desparlamentarizar» las decisiones o posponerlas indefinidamente, y permite inmunizarse frente a la crítica política. Contra estos peligros se han introducido regulaciones sobre la elección de los expertos y su cualificación, control, transparencia y publicidad" (Innerarity, 2011, 105).

Sin embargo, la carencia fundamental es que no se debate en ningún momento el tipo de consenso: ¿entre quiénes?, ¿entre la población *empleable*?, ¿entre sus representantes políticos?, ¿laborales? Y esta carencia deriva de la imprecisión misma en la conceptuación del *empleo*, conceptuación de la que podría derivarse una morfología u otra del organismo autónomo que está por crearse, como bien recoge el parlamentario:

> *hoy aprobamos un instrumento, hoy hemos aprobado un instrumento, que es el Servicio Riojano de Empleo, ¡pero es un instrumento destinado a una finalidad! Y ese instrumento sobre el cual se puede estar de acuerdo por la práctica al menos por dos Grupos Parlamentarios en esta Casa, es posible que conlleve detrás proyectos muy distintos. ¡Y ése es el debate que no se ha producido en este Parlamento, y ése es el debate sobre el pleno empleo! (Rubio Medrano, DS nº 65, 26 de febrero de 2003, p. 2977)*

Incluso cuando el mismo parlamentario pretende fijar las coordenadas del debate que sirva de fundamento para la estructura del SRE, regresa una vez más a un registro conceptual que, como señalábamos en *nivel de justificación 1*, no recoge la complejidad de las relaciones laborales actuales, contraponiendo las dos formas históricas de Estado que afrontaron la realidad social del ciclo productivo industrial y obviando, de nuevo, las particularidades de la nueva economía:

> *Porque cuando usted habla de pleno empleo a mí me recuerda el modelo de pleno empleo neoliberal o manchesteriano, donde era muy fácil resolverlo. Bastaba reducir los salarios, para que todo el mundo pudiera encontrar empleo. Lo que encontrará es un empleo de calidad escasa, de precariedad, de bajas condiciones laborales, donde hay un elevado grado de siniestralidad laboral y donde hay trabajos que incluso dentro del propio mercado de trabajo lo que son trabajadores nacionales de nuestro país, no acceden a ese mercado de trabajo y vienen trabajadores inmigrantes. Ésas son algunas de las características de ese modelo, sobre el cual creo que al menos los sindicatos no tienen una coincidencia en ese proyecto. Por lo tanto el consenso sobre el cual usted se manifiesta que se asienta este Proyecto, es solamente un consenso instrumental. Creo que aquí falta, en este debate falta, el consenso sobre algo tan importante como es la finalidad, como es sobre los objetivos últimos y sobre lo que es el proyecto en general sobre el empleo en nuestra Comunidad. (Rubio Medrano, DS nº 65, 26 de febrero de 2003, p. 2977)*

En este análisis de racionalidad de los agentes específicos implicados en el desarrollo de la nueva economía, resulta aún más compleja la fijación de estructuras democráticas válidas que gestionen el desarrollo científico-tecnológico. Tal y como se entrevé en el debate del proyecto de Ley de la Ciencia, la Tecnología y la Innovación, la misma localización de los agentes jurídicos ya es, en sí misma, polémica.

El equilibrio público/privado que también es necesario en este ámbito (por las mismas razones de agilidad esgrimidas anteriormente) resulta aún más incierto, ya que si el proyecto de Ley esboza un ente relativamente adecuado (una fundación) la habilitación de financiación queda aun más en el aire:

> *Y, desde luego, cuando se habla de participación público-privada ponemos un instrumento que ha sido perfectamente recogido por todos: una fundación, una fundación donde hay una participación, habrá una participación público-privada (Erro Urrutia, DS nº 37, 18 de junio de 2009, p. 1566)*
>
> *La forma de introducir iniciativa privada, de que la iniciativa aporte dinero a investigación, es facilitarlo de alguna forma, y a través del mecenazgo se puede hacer y no lo hacemos aquí. (Toledo Sobrón, DS nº 37, 18 de junio de 2009, p. 1557)*
>
> *Y aquí [la Administración] es el aceite, es el aceite, es el engrase, es el dinero, el dinero al que el Gobierno en estos momentos no se compromete; se compromete en planes posteriores, pero no se compromete en este texto legal, no reconoce derechos este texto legal. (Toledo Sobrón, DS nº 37, 18 de junio de 2009, p. 1556)*

Esta incerteza lleva a los parlamentarios a considerar la centralidad que debería asumir –o de la que se debería investir expresamente desde el ámbito legislativo– el agente específico gestor de la potencialidad investigadora e innovadora: la Universidad.

> *que se centrasen menos en las estructuras internas y dedicasen más tiempo a la promoción y valorización de la ciencia, de la tecnología, de la innovación; que le dieran un papel más protagónico a la Universidad de La Rioja (...) que abrieran los órganos de control a agentes que aporten de verdad y no solo a los controladores por la Administración (Rodríguez Peña, DS nº 37, 18 de junio de 2009, p. 1559)*

Sin embargo, aun siendo el agente específico por antonomasia en este ámbito esencial para el desarrollo de la nueva economía, el parlamentario observa carencias tanto en los cauces públicos que la pongan en juego, como en la propia estructura de la universidad riojana:

> *Y como vemos que el engranaje necesario para que una ley de tecnología y de innovación, de investigación, funcione es el engranaje Universidad-empresa, y todos estos participantes en el mismo, participantes en el mismo, no resuelven, no responden a las expectativas, y además el aceite necesario para que funcionen estos engranajes el Gobierno de La Rioja no está dispuesto a ponerlo, porque piensa que la investigación tiene que financiarse con capital privado cuando tampoco les da las armas para que lo hagan, pensamos que es una ocasión perdida (Toledo Sobrón, DS nº 37, 18 de junio de 2009, p. 1557)*
>
> *¿Está la Universidad de La Rioja preparada para asumir el reto que le ofrecemos desde aquí, que le exigimos desde aquí? ¡Evidentemente, no! (...) No hay un espíritu de investigación que esté metido en el engranaje de esta Universidad. (Toledo Sobrón, DS nº 37, 18 de junio de 2009, p. 1556)*

En contestación a esta denuncia de la insuficiencia estructural que el proyecto de Ley no remedia, se aboga desde otra postura por la habilitación de variados agentes de gestión de la ciencia, la tecnología y la innovación:

> *Esta ley –digo– crea los instrumentos sobre los que apoyar el desarrollo de ese nuevo modelo productivo, mediante la creación de una Comisión interdepartamental para el desarrollo en I+D+i, la creación del Consejo Riojano como órgano consultivo, la creación de una fundación para la innovación, una red de centros y organismos en investigación, una red de agrupaciones de empresas innovadoras, el observatorio y el portal de la innovación, una red de enlace exterior y transferencia tecnológica, el plan riojano de I+D+i y el procedimiento para su financiación... Y podríamos seguir. (Crespo Pérez, DS nº 37, 18 de junio de 2009, p. 1560-1561)*

En todo caso, más allá de la localización jurídica de agentes gestores, se deduce del debate que la eficacia de la gestión en materia de investigación y desarrollo científico-tecnológico dependerá de los resortes de financiación posteriores:

> *estamos en sintonía con ese avance europeo y, ¿por qué no decirlo?, con la captación de fondos europeos. (...) Este marco se completa con una estrategia con los planes de investigación, los planes de investigación donde figuran las memorias económicas (...) planes donde se configura un marco económico que permite el desarrollo de la ley. La ley no tiene que contemplar un presupuesto, ¡habría que estar cambiándola todos los años!, sino que son los elementos, instrumentos de desarrollo, quienes configuran esa ley. (Erro Urrutia, DS nº 37, 18 de junio de 2009, p. 1564-1565)*

Y este último pasaje nos introduce en una insuficiencia concreta detectada por algunos parlamentarios durante el debate pero sin puntos de encuentro, es decir, sin que la *razón parlamentaria* haya sido capaz de ofrecer soluciones: si bien la Ley afronta el control estructural de la cuestión, hipoteca la gobernanza material de la misma a habilitaciones posteriores; es decir, la Ley arrastra en el texto aprobado lo que el propio debate no resuelve y que genera dudas sobre la gobernanza racional y colectiva del desarrollo científico-tecnológico en la región.

2.2.4. *¿Cómo consideran los parlamentarios otros modelos jurídicos que regulan materias similares?*

En el *nivel de justificación 4* (derecho comparado), debemos atender al modo en que los parlamentarios introducen en el debate experiencias jurídicas de las que extrapolar elementos válidos. Resulta muy interesante el consenso presente durante el debate del proyecto de Ley creación de la ADER en lo referente a la necesidad de implementar en la Región un ente específico de desarrollo económico, a imagen de los diversos ya existentes en otras regiones y territorios europeos:

> *hay varios países europeos y otras muchas regiones españolas, que ya tienen entes de este tipo, Agencias de desarrollo de este tipo (...) sitúa a La Rioja en iguales condiciones de competencia con un buen número de regiones europeas y con gran parte de las Comunidades Autónomas españolas que cuentan con un ente de promoción de esta naturaleza. (Ruiz-Alejos Herrero, DS nº 51, 18 de septiembre de 1997, p. 1932)*
>
> *Esto se ha conseguido, se ha reflejado, en otras leyes de otras Comunidades Autónomas –en Aragón, en Asturias, en Cataluña, en Galicia o en Madrid, por citarle unos ejemplos–, y es también el efecto que se intenta conseguir pues en algunas comarcas de Cataluña, o, en el caso del País Vasco, por ejemplo en la margen izquierda de la ría del Nervión. Por tanto entendemos, que una finalidad sin duda es la superación de desequilibrios territoriales. (Rubio Medrano, DS nº 51, 18 de septiembre de 1997, p. 1936)*

Parece, por tanto, que las leyes y regulaciones que refieren los parlamentarios han operado en ellos no tanto como inspiración de *mensajes normativos* cuanto como *actividades constructivas* de contextos simbólicos[62]. Es decir, los parlamentarios operan en un mismo campo simbólico de significados y elementos ligados a la nueva economía (como las *agencias de desarrollo*) debido, entre otros factores, a la referencia al derecho de otras regiones y países.

Sin embargo, debemos destacar también las objeciones de diversos parlamentarios ante la incapacidad para contrastar el modelo seleccionado de entre los varios existentes, para *modular* su estructura hasta adecuarlo a la realidad de nuestra Región:

> *Somos conscientes que la rapidez en esta tramitación les ha llevado a copiar mal una Ley, una Ley de Castilla-León, que la han copiado en una parte sí, en otras no, y que no han sido capaces de darle un modelo concreto. (San Felipe Adán, DS nº 51, 18 de septiembre de 1997, p. 1939)*
>
> *lo que se trae hoy a la Cámara, teniendo en cuenta que tenemos un Derecho Comparado importante puesto que todas las Comunidades Autónomas en este momento tienen o bien Agencias, o bien Institutos o bien Consejos Asesores, se ha elegido el camino más complicado. Dudamos de la intencionalidad. Creemos que el modelo es equivocado, que no va a resolver los problemas, que no lo pondrán en marcha, y que, si lo hacen, duplicarán en este momento los servicios que tiene esta Administración. (Valle de Juan, DS nº 51, 18 de septiembre de 1997, p. 1945)*

62. Cfr. esta diferenciación introducida por Witteveen (1999) en términos de dimensiones comunicativas.

De este modo, las alusiones al derecho comparado quedan limitadas, por un lado, a la necesidad genérica por crear el ente y, de otro lado, a la crítica por no desarrollar el potencial comparativo, crítica que hacemos extensible al debate de la Ley de creación del SRE, donde brillan por su ausencia los argumentos sobre derecho comparado; y esta, sin duda, es una carencia relevante, ya que los servicios de gestión pública del empleo son organismos que, con una u otra morfología, estaban ya ampliamente implantados en Europa.

Del mismo modo, apenas hay referencias sustanciales a otros experimentos previos en materia de gestión del desarrollo científico-tecnológico. De manera general, y muy marginalmente al debate central, podemos destacar intervenciones como la siguiente:

> *Frente a esto ¿qué tenemos? Tenemos los criterios de los países anglosajones, que van en la libertad, que van en el resultado, que van en exigir al investigador resultados en cada momento, que van en contra de la carrera del investigador que tenemos en España. (Toledo Sobrón, DS nº 37, 18 de junio de 2009, p. 1556)*

El resto de referencias al derecho comparado señalan la urgencia como causa del uso de mimetismos normativos, denunciando resultados poco virtuosos:

> *Un texto plagado de artículos directamente fusilados de otras leyes autonómicas, ¡literalmente plagiados!, pese a que se nos presentó este proyecto de ley como una ley innovadora. (...) Y así podemos comprobar cómo el artículo 3.c) de esta ley que aquí nos presenta es el 2.d) en Murcia; o el 3.d) de aquí es el 2.d) de Madrid; o el 3.g) riojano es el 2.e) madrileño; o que el 4.k) es el 4.g) de la ley de Andalucía... Y así podríamos seguir hasta el artículo 52. El 8.1 es el 12.1 de Castilla y León, el 8.2.c) es el artículo 46.d) de Andalucía, o el artículo 9.b), el nuestro, el patrio, no es otro que el artículo 28.b) de la ley murciana. Y, dicho esto, no se lo censuro porque, mire, si los redactores de aquí aprecian buenas redacciones o buenos artículos o más innovación en otras leyes, bien está que se los traigan a este proyecto de ley. (Rodríguez Peña, DS nº 37, 18 de junio de 2009, p. 1558)*
>
> *pero lo que me puede llegar a molestar de verdad es que ustedes han seguido fusilando artículos completos de leyes que se redactaron en el año 97 y 98, como pueden ser la de la Comunidad Valenciana o la de Madrid, y algunos artículos derogados de la ley valenciana (Rodríguez Peña, DS nº 37, 18 de junio de 2009, p. 1559)*

2.2.5. *¿En qué grado consideran los parlamentarios a las personas que directa o indirectamente se ven afectadas por la ley?*

En el *nivel de justificación 5* (impacto en personas), debemos fijarnos en qué medida los parlamentarios introducen en el debate consideraciones por personas afectadas por el efecto más o menos mediato de la ley. En este sentido, detectamos en las discusiones en torno a los proyectos de ley seleccionados una previsión variada de personas que pueden resultar afectadas por la normación en curso. Evidentemente, una ley debe limitar sus afecciones de modo realista, marcando los resortes y agentes sobre los que puede influir, sin embargo, el debate de una ley es más completo si prevé el impacto lógico derivado de la aplicación de la ley más allá de los resortes o agentes que activa, localizando, en último término, personas que de modo directo o indirecto es previsible que se vean afectadas por la nueva ordenación.

En el caso del proyecto de Ley de creación de la ADER, las personas más mentadas son los *empresarios*:

> *se trata sencilla y llanamente de situar la política del Gobierno en materia de promoción económica a la altura de las necesidades reales de sus clientes, que en este caso no son otros que los inversores y creadores de empleo. (Ruiz-Alejos Herrero, DS nº 51, 18 de septiembre de 1997, p. 1932)*
>
> *El fin de la Agencia es ayudar a la creación de empresas, favorecer la creación y la instalación de empresas (Virosta Garoz, DS nº 51, 18 de septiembre de 1997, p. 1925-1926)*
>
> *estamos conectando con la necesidad real, real, de lo que en este momento puede ser el desarrollo futuro inmediato regional (...) este Proyecto está apostando decididamente por la creación y desarrollo de una cosa que a mí me encanta decir que es, la cantera empresarial propia, cantera empresarial propia. (Ruiz-Alejos Herrero, DS nº 51, 18 de septiembre de 1997, p. 1945)*

Los empresarios constituyen en el debate el sujeto destinatario y, a su vez, activado por la Ley, la *clientela*, la *cantera* que debe explotarse. Es evidente que, desde este *nivel de justificación*, la marcación del *empresario* como la persona afectada por la Ley es insuficiente. Tal vez, como apunta el parlamentario, el empresario pueda proyectarse como *cliente* a ojos de la labor ejecutiva inmediata del gobierno, pero la *razón parlamentaria* debe trascender esa inmediatez. Se trasciende sensiblemente cuando en el debate se apunta una especificidad empresarial que amplía la preocupación hacia más personas:

> *Creemos que en esta región hay muchos trabajadores autónomos que no pertenecen a fórmulas asociativas, y que sin embargo por parte de la Agencia debía considerarse su atención. (Valle de Juan, DS nº 51, 18 de septiembre de 1997, p. 1936)*

Sin duda, esta apreciación abre el debate a la consideración por el impacto que la Agencia debería tener en otras personas, tradicionalmente olvidadas por la regulación de las relaciones laborales. Y más aún se amplía el ámbito de preocupación cuando abre la mirada a los trabajadores de la vieja economía:

> *Han querido hacer vender a la opinión pública que con la creación de esta Agencia de Desarrollo, La Rioja va a solucionar sus problemas de diferencias*

con el resto de las Comunidades Autónomas que están con sus incentivos deslocalizando las industrias, y, por lo tanto, influyendo negativamente en el nivel de empleo de nuestra Comunidad. (San Felipe Adán, DS nº 51, 18 de septiembre de 1997, p. 1940)

De este modo, el parlamentario introduce en el debate un colectivo sensiblemente afectado por la modulación económica que debe gestionar la ADER pero que apenas supone un asunto marginal en la discusión.

Supuestamente, en el proyecto de Ley de creación del SRE, este colectivo de trabajadores afectados por la deriva de la nueva economía, sobre quienes se cierne el riesgo del desempleo más descarnadamente, debería estar en el centro mismo de los objetivos normativos. Resulta curioso que, sin embargo, apenas se haga mención a ello durante el debate:

Estamos, y lo más importante, ante un sólido proyecto, y -quizás lo de mayor relevancia de cara a la calle- una excelente noticia para que aquella persona que desdichadamente hoy por hoy no encuentre empleo tenga después de salir de esta Sesión Plenaria más oportunidades para encontrar un empleo de calidad en esta Comunidad Autónoma (Escobar las Heras, DS nº 65, 26 de febrero de 2003, p. 2978)

Queda fuera del debate cualquier consideración acerca de las características, situaciones o urgencias concretas de las personas durante la conformación del órgano que, supuestamente, debe aliviar los nuevos modos de precariedad sobrevenidos con el nuevo ciclo productivo. Esta cuestión está, sin duda, relacionada con la confianza que los parlamentarios demuestran en el viejo modo de representación económica (sindicatos/patronal) presente en la estructura ejecutiva del organismo autónomo (cfr. *nivel de justificación 3*), de tal modo que parecen sobrar análisis sobre las personas *representadas*, es decir, los trabajadores.

Sin embargo, en el debate del proyecto de Ley de la Ciencia, la Tecnología y la Innovación, sí que está muy presente la preocupación por las personas: aquellas afectadas de modo inmediato y aquellas que, en último término, serán sensibles a la normación de un ámbito que, en principio, les es ajeno.

Esta preocupación de los parlamentarios eleva la calidad del debate. En primer lugar porque se introduce ese factor social que debe superar los criterios cortoplacistas de gobiernos o agentes jurídicos específicos, colocando en el horizonte del debate a las *personas*, los *ciudadanos* o la *sociedad*:

la ley está plagada de referencias, alusiones y concreciones referidas a las personas y en beneficio de las personas, que es para las que se plantea esta ley (Crespo Pérez, DS nº 37, 18 de junio de 2009, p. 1562)

Esta ley habla de personas, de las personas. El Gobierno piensa que las personas son los elementos claves para el desarrollo de una región. ¡Y habla de per-

sonas! Y habla de personas en su desarrollo dentro de la I+D+i, la investigación, desarrollo e innovación. (Erro Urrutia, DS nº 37, 18 de junio de 2009, p. 1565)

¿Cuál es el papel de la Administración en este tema, en investigación y desarrollo? (...) La diferencia entre unos resultados de investigación que redunden en un bienestar, que es lo que pretende la ley en sus objetivos, en un bienestar de la sociedad, es que se plasme en productos, que se plasme en riqueza, que se plasme en una mejora de la vida de los ciudadanos. (Toledo Sobrón, DS nº 37, 18 de junio de 2009, p. 1556)

Queda, por tanto, fijada la transcendencia del impacto de la Ley, el alcance de su *razón parlamentaria* que desborda el interés inmediato y cortoplacista de la tecnología y la innovación. Pero también es importante la consideración del parlamentario sobre el agente afectado inmediatamente por la Ley: el investigador. Para que la normación resulte eficaz, debe tenérsele en cuenta en su contexto de necesidades, y no solo como agente automático de asunción del orden propuesto:

si hago incidencia en el personal que hace investigación al final es porque en esta ley no está tratado suficientemente. (...) una incertidumbre total diez años, quince años, sin saber después qué hay detrás de todo esto si no tienen éxito sus investigaciones (Toledo Sobrón, DS nº 37, 18 de junio de 2009, p. 1556)

Esta ley (...) Habla del fomento de la detección y captación del talento investigador, de la valoración y reconocimiento de ese talento, de la actividad investigadora, de los investigadores. (Erro Urrutia, DS nº 37, 18 de junio de 2009, p. 1565)

Hay incluso más manifestaciones de la preocupación por el impacto que sobre determinados colectivos puede tener la nueva normación científico-tecnológica:

otra ley más que va al debate en pleno, en comisión y aquí ahora para ratificación del texto concreto y vuelve a ir sin un informe de impacto de género (Rodríguez Peña, DS nº 37, 18 de junio de 2009, p. 1560)

las personas son el origen y el destino de la actividad innovadora, respetando el principio de igualdad de oportunidades entre hombres y mujeres y sin cuya implicación, desde luego, sería imposible avanzar en el impulso de la I+D+i. (Crespo Pérez, DS nº 37, 18 de junio de 2009, p. 1561)

yo le digo que La Rioja está preparada, que las riojanas y riojanos estamos preparados, que tenemos suficiente autoestima como para seguir adelante, y que desde luego nuestras empresas están preparadas. (Crespo Pérez, DS nº 37, 18 de junio de 2009, p. 1562)

De este modo, y aunque estas preocupaciones ocupen un lugar marginal en la discusión, emergen como muestras de la calidad del debate parlamentario tenido en la tramitación de este proyecto de Ley, debate en el que los parlamentarios han mostrado interés por la efectividad de la Ley en su más amplio alcance.

Analizados los debates a través de los filtros de justificación expuestos, podemos proponer como conclusión una relación informada de las carencias y aciertos de la labor parlamentaria. De este modo, tendremos localizado un territorio de *acción comunicativa* muchas veces ignorado y que puede contener las causas de muchos de los desajustes que, en la vertiginosa nueva economía, se producen entre el derecho y la complejidad de su entorno. Un juicio, por tanto, sobre los aciertos y carencias que se suceden en este ámbito puede dar la pista para una normación futura más virtuosa.

3. Conclusiones

La nueva economía está deparando una nueva *cuestión social* en la que entran en crisis buena parte de los pilares de carga sobre los que se sustentaba el estado social de economía industrial; señaladamente: las relaciones laborales, la red prestacional y la morfología del trabajo y de la empresa. Irrumpen nuevos modelos de negocio y de creación de riqueza que sacralizan, en último término, ideas como *sociedad del conocimiento y de la tecnología* o *economía de la información*.

Ante estos cambios, la política no puede enrocarse en sus posiciones originales, de modo que procesa un derecho que marca nuevas reglas de orden, que propone normaciones, seguridades, previsiones y *nomos* remozados. El derecho, así, se enfrenta a un reto especialmente complejo: un reto que le impele a renovar sus formas y modos de captura cognoscitiva para dar respuesta a la irrupción de esta crisis conceptual e interactuar, de este modo, eficaz, efectiva y eficientemente.

Conceptos como *innovación*, *investigación*, *información* o *tecnologización* copan el imaginario económico, político y jurídico actual; porque solo en la medida en que se desarrollan y aplican estos conceptos, se rehabilita la dinámica económica con la agilidad requerida y, por tanto, la dinámica laboral, piedra angular del sistema social en el marco jurídico actual.

El entramado jurídico, así, dispone las canalizaciones necesarias para el desarrollo de ciertas potencias sociales que, aunque siempre estuvieron presentes, nunca resultaron tan decisivas para un determinado orden. En este sentido, la única opción de que las formas jurídicas generen orden en el escenario actual –sin aniquilar los fundamentos constitucionales sobre los que se erigen las democracias actuales– es proporcionar soluciones que, por un lado, desarrollen la innovación, la investigación, la tecnología y la comunicación y, por otro lado, habiliten a los trabajadores para los nuevos negocios y las transformaciones productivas.

Ante esta tesitura, la división competencial clásica que realiza el derecho español ya no compartimenta tan tajantemente los resortes jurídicos capaces de interactuar con los procesos económicos. Es aquí, precisamente, donde radica el potencial de las Comunidades Autónomas para influir decisivamente en la *deriva* de la nueva economía, ya que la regulación jurídica que se proyecta para procurar la reproducción del ciclo de creación de riqueza es extraña en buena parte, aun tratando materias laborales, al quicio clásico del *derecho laboral y de la seguridad social.*

En el ámbito riojano, estas necesidades y posibilidades normativas de la nueva economía han estado presentes ya desde el mismo origen de la Comunidad Autónoma. Desde sus inicios, el Parlamento riojano tuvo que asumir tácitamente la función de generar en el contexto riojano un tipo de legislación ordenadora muy distinta de la que hasta entonces había sido típica en España, y que debía contemplar los ámbitos concretos señalados anteriormente.

Las características de esta nueva normación, las maneras en las que el derecho se ocupa de estos ámbitos, implican riesgos: las técnicas de traslación de responsabilidad normativa, de delegación y habilitación de *razón subcontratada* más allá del control directo parlamentario, generan, por un lado, el riesgo de *desparlamentarización* de la política. La urgencia por generar orden económico implica, por otro lado, el riesgo de implementación de normaciones a troquel, copiadas de modo mecánico y sin siquiera contrastar su encaje en la realidad sobre la que pretenden aplicarse.

Ante estos y otros riesgos, en el estudio propuesto hemos realizado un ejercicio de medición de su probabilidad y alcance. Y lo hemos realizado a través de un análisis de la racionalidad que atraviesa la actividad parlamentaria, es decir, de la comunicación inmediatamente anterior a la aprobación de algunas de las normas que se ocupan de estas materias emergentes en la nueva economía.

Para ello hemos procurado localizar y valorar la elaboración, por parte de los parlamentarios, de argumentos racionales enmarcados en una conceptuación básica de la nueva economía. Siguiendo a Virgilio Zapatero (2009, 13) creemos que "puede ser muy saludable volver a dirigir nuestra mirada al proceso legislativo buscando dónde y por qué se produce en ocasiones la quiebra de la racionalidad".

En esa valoración de racionalidades, hemos aislado un material concreto muy preciso (debates de proyectos de ley) que, contextualizado en el horizonte global socio-económico, ha funcionado como fuente de información de la que hemos podido deducir el sentido en el que los parlamentarios (y otros factores que traslucen en sus discursos: informes técnicos, presiones mediáticas o discusiones al interior de los partidos) conforman la normación de la nueva economía.

En concreto, hemos analizado los debates de los proyectos de: Ley de creación de la ADER, Ley de creación del SRE y Ley de la Ciencia, la Tecnología y la Innovación. Para ello, hemos propuesto cinco niveles de justificación argumental en los que pueden advertirse racionalidades acordes con el nuevo panorama socio-económico: (1) conceptuación socio-económica, (2) función y alcance jurídicos, (3) agente jurídico específico, (4) comparación de modelos jurídicos y (5) impacto en personas.

Los resultados extraídos del análisis revelan que, en general, los parlamentarios generan argumentos en estos cinco niveles de justificación, lo que da cuenta de una capacidad y voluntad real de mejorar la norma en su proceso de discusión. Sin embargo, como es evidente, dada la especificidad y tecnicismos implicados en muchas normas actuales (más aún las referidas a la nueva economía), el análisis desarrollado detecta algunos márgenes de mejora concretos. Destacamos los siguientes:

- El campo conceptual del que se sirven los parlamentarios es, a menudo, insuficiente para recoger la complejidad social que afrontan. Es cierto que el Parlamento, en general, no debe ser un centro académico, sin embargo, en la medida en que se estreche la brecha que separa las nuevas conceptuaciones sociales del aparato legislativo, los instrumentos de interacción normativa serán más refinados y eficaces.

- En relación con el punto anterior, detectamos una tendencia recurrente de los parlamentarios a trasladar la identidad representativa del viejo ciclo productivo (sindicatos y patronal como representativos de toda la complejidad social) al inescrutable tejido de sujetos dispersos del nuevo ciclo productivo. Esto es un reflejo de cómo la desactualización conceptual de los Parlamentos puede producir un derecho a rebufo de la realidad, sin influencia decisiva.

- Del desajuste conceptual surge también, como lugar común legitimador, la idea de *consenso*. En la nueva economía, la sustanciación de consensos es uno de los asuntos más problemáticos a los que se enfrenta la política y, sin embargo, esta cuestión no se problematiza en absoluto durante los debates analizados. Conformar una idea durante las discusiones sobre *quiénes* deben generar consenso, sobre *quiénes* tienen atribuidas responsabilidades en nombre propio o en representación, ofrecería una panorámica de la heterogeneidad de sujetos implicados en el nuevo ciclo productivo. Y esto, sin duda, daría lugar a leyes más efectivas en último término.

- La dispersión de ideas implicadas en el objeto de las leyes desarrolladas (internacionalización, ciencia, tecnología, innovación, investigación, etc.) hacen complicada la normación incluso en el nivel formal de delimitación jurídica competencial, lo que genera cierta confusión en el debate (confusión que se arrastra al texto final de la norma). Un examen competencial más contrastado durante la discusión de la ley podría centrar más certeramente el objeto, sentido y alcance de la misma.

- Otra carencia importante es, también, la ausencia de argumentos sobre derecho comparado, una técnica especialmente provechosa en la implementación urgente de normativas. Apenas hay referencias sustanciales a otros experimentos previos en materia de gestión del desarrollo científico-tecnológico.

- Los parlamentarios consideran en sus discursos a personas que pueden resultar afectadas por la normación en curso, aunque muchas veces la centralidad del debate delimita un objeto cortoplacista (eficacia inmediata de la norma) excluyendo en último término a personas y colectivos afectados por la ley (efectividad final de la norma).

Es evidente que los debates parlamentarios no pueden convertirse en un ejercicio dialéctico de análisis exhaustivo. Los límites consustanciales a la actividad parlamentaria (tiempo y sesiones disponibles, procedimientos, variedad de objetos de debate o tecnicismos) impiden un tratamiento académico de los asuntos. Sin embargo, no es menos evidente que, en la medida en que los parlamentarios dispongan de instrumentos que canalicen la teoría hasta proyectarla en sus técnicas de trabajo (como hemos procurado en este estudio), el producto final podrá estar más informado y, por tanto, resultar más certero.

Las limitaciones aquí planteadas no se arrojan como crítica política interpartidista, sino como expresión de los desajustes detectados en un análisis tan panorámico como ha sido posible. Con este propósito, y retomando a Virgilio Zapatero (2009, 23), ahora "el problema no estriba, pues, en precisar si las ciencias tienen algo importante que ofrecer al legislador sino en averiguar si éste está dispuesto a recibirlo. La racionalidad política tiene sus propias leyes, su particular lógica. ¿Hasta qué punto está dispuesto un legislador a «dejarse aconsejar»?". Solo a partir de la respuesta a esta pregunta, podrá este estudio completar su objetivo.

4. Bibliografía

Altava Lavall, M.G. (2003): *Lecciones de derecho comparado*, Castelló de la Plana, Universitat Jaume I.

Aragón, J., Durán, A., Rocha, F. y Cruces, J. (2005): *Las relaciones laborales y la innovación tecnológica en España*, Madrid, Catarata.

Atienza, M. (1997): *Contribución a una teoría de la legislación*, Madrid, Civitas.

Baudrillard, J. (1979): *Crítica de la economía política del signo*, México, Siglo XXI.

Beck, U. y Beck-Gernsheim, E. (2003): *La individualización. El individualismo institucionalizado y sus consecuencias sociales y políticas*, Barcelona, Paidós.

Berardi, F. (2007): *Generación post-alfa: Patologías e imaginarios en el semiocapitalismo*, Buenos Aires, Tinta de limón.

Blondeau, O. [*et al.*] (2004): *Capitalismo cognitivo, propiedad intelectual y creación colectiva*, Madrid, Traficantes de sueños.

Castells, M. (2009): *Comunicación y poder*, Madrid, Alianza.

Castells, M. [*et al.*] (2007): *La transición a la sociedad red*, Barcelona, Ariel.

Castells, M., Giddens, A. y Touraine, A. (2002): *Teorías para una nueva sociedad*, Madrid, Fundación Marcelino Botín.

Corsani, A. (2004): "Hacia una renovación de la economía política", en Blondeau, O. [*et al.*] (2004).

Foucault, M. (1992): *El orden del discurso*, Buenos Aires, Tusquets.

Fumagalli, A. (2010): *Bioeconomía y capitalismo cognitivo, Madrid, Traficantes de sueños.*

García Lizana, A. y Moreno Jiménez, J.M. (2008): "Economía y democracia en la sociedad del conocimiento", *Estudios de economía aplicada*, 26 (2): 181-212.

Gehring, T. (2004): "The consequences of delegation to independent agencies: Separation of powers, discursive governance and the regulation of telecommunications in Germany", *European Journal of Political Research,* 43: 677-698.

GODDARD, M. y RUSSELL, M. (1998): "From competition to co-operation: new economic relationships in the National Health Service", *Health economics*, 7 (2): 105-119.

HABERMAS, J. (2002): *Acción comunicativa y razón sin transcendencia*, Barcelona, Paidós.

HORKHEIMER, M. (1973): *Crítica de la razón instrumental*, Buenos Aires, Sur.

HUBER, D. y SHIPAN, C.R. (2002): *Deliberate Discretion: The Institutional Foundations of Bureaucratic Autonomy,* Cambridge, Cambridge University Press.

INNERARITY, D. (2011): *La democracia del conocimiento*, Barcelona, Paidós.

KELLY, K. (1999): *Nuevas reglas para la nueva economía*, México, Granica.

LASH, S. (2005): "Capitalismo y metafísica", en ARFUCH, L., *Pensar este tiempo: espacios, afectos, pertenencias,* Buenos Aires, Paidós.

LUHMANN, N. (2005): "El derecho como sistema social", en GÓMEZ JARA, C. (ed.) *Teoría de sistemas y derecho penal: fundamentos y posibilidades de aplicación*, pp. 69-86.

LUHMANN, N. y DE GIORGI, R. (1998): *Teoría general de la sociedad*, México, Triana y Universidad Iberoamericana.

LUPIA, A. y MCCUBBINS, M. (2000): "Representation or abdication? How citizens use institutions to help delegation succeed", *European Journal of Political Research,* 37: 291-307.

MARAZZI, C. (2003): *El sitio de los calcetines: El giro lingüístico de la economía*, Madrid, Akal.

MARCILLA CÓRDOBA, G. (2005): "Desregulación, estado social y proceso de globalización", *Doxa: Cuadernos de filosofía del derecho*, 28: 239-263.

MOULIER BOUTANG, Y. (2008): *Le capitalisme cognitif: La Nouvelle Grande Transformation*, Paris, Ed. Amsterdam.

OJEDA AVILÉS, A. (2010): *La deconstrucción del derecho del trabajo*, Madrid, La Ley.

OLIVER-LALANA, D. (2008): "Los argumentos de eficacia en el discurso parlamentario", *Doxa: Cuadernos de Filosofía del Derecho*, 31: 533-566.

PÉREZ MANZANERA, L. (2001): *Las tecnologías de la información en la nueva economía*, Madrid, Díaz de Santos.

RAMASWAMY, V. y GOUILLART, F. (2010): *The Power of Co-creation,* New York, Free Press.

SÁNCHEZ FERRIZ, R. (2005): "La labor de los parlamentos autonómicos en la consolidación del estado social", *Corts. Anuario de Derecho Parlamentario*, 16: 101-168.

SCHUMPETER, J.A. (1983): *Capitalismo, socialismo y democracia*, Barcelona, Orbis.

SOTELO, I. (2010): *El estado social: antecedentes, origen, desarrollo y declive*, Madrid, Trotta.

TAPSCOTT, D. y WILLIAMS, A.D. (2007): *Wikinomics: la nueva economía de las multitudes inteligentes*, Barcelona, Paidós.

WEBER, M. (1969): *Economía y sociedad*, México, FCE.

WITTEVEEN, W.J. (2009): "Significant, symbolic and Symphonic Laws", en VAN SCHOOTEN, H. (ed.), *Semiotics and Legislation*, Liverpool, Deborah Charles, pp. 27-70.

ZAPATERO, V. (2009): *El arte de legislar*, Cizur Menor, Aranzadi.

ZWEIGERT, K. y KÖTZ, H. (2002): *Introducción al derecho comparado,* México, Oxford University Press.